BACKPACKERS

Europa de Mochila

A. G. Bragah

L·G·E EDITORA

Brasília, 2004

LGE Editora Ltda.
SIA Trecho 03 Lote 1.760 - Parte A
Tel.: 61 362.0008 - Fax: 61 233.3771
lgeeditora@lgeeditora.com.br
www.lgeeditora.com.br

EDITOR:	ANTONIO CARLOS A. NAVARRO
AUTOR:	A. G. BRAGAH
COORDENAÇÃO EDITORIAL:	ANNA CRISTINA DE ARAÚJO RODRIGUES
DESIGN GRÁFICO:	MARCUS POLO ROCHA DUARTE
CAPA E DIAGRAMAÇÃO:	A. G. BRAGAH
IMPRESSÃO E ACABAMENTO:	QUICK PRINTER IMPRESSOS RÁPIDOS LTDA.

Dados Internacionais de Catalogação na Publicação (CIP)

Bragah, A. G.
BACKPACKERS - Europa de Mochila / A. G. Bragah, –
Brasília: LGE Editora, 2004.
264 p.

1.Literatura brasileira. – Viagem. Turismo. I. Título.

CDU 910
057.68
379.85
796.433.7

ISBN 85-7238-124-4

Visite nosso site: www.lgeeditora.com.br

"End? No, the journey doesn't end here. Death is jus another path... One of us must go on. The grey rain curtain of this world rolls back... And all turns to silver glass. And then you see it... White shores... And beyond. A far green country...under a quick sunrise."

"Fim? Não, a jornada não acaba aqui. A morte é só mais um caminho... Um que todos nós terá que seguir. Ergue-se a cortina de chuva cinzenta deste mundo... E tudo se transforma em vidro prateado. E então, você vê... Praias brancas... E além... Um longinquo campo verde... sob um rápido amanhecer."

Lord of the Rings - O Senhor dos Anéis
J. R. R. Tolkien

Aos amigos e familiáres,

sobretudo aos meus primeiros leitores:
O amigo Marcelo,
meu filho Pepe
minha esposa Karuena.

Agradeço
pelo incentivo e apoio.

Em especial ao mano Fábio, meu companheiro de mochila.

INTRODUÇÃO

Backpacker - Do inglês backpack = mochila / Mochileiro. O termo mais precisamente é um conceito contemporâneo muito especial de se viajar.

Os Backpakers ou mochileiros, também conhecidos como: independent travellers e budget travellers. São muito comuns nos países europeus, Estados Unidos, Austrália, e estão se alastrando pelo resto do mundo. São principalmente, viajantes independentes, econômicos e muito conscientes no que diz respeito às culturas locais e seu meio ambiente.

São antes de tudo, cidadãos do mundo, interessados no intercâmbio entre pessoas e nações, com ânimo de ir fundo em suas viagens, conhecendo sempre algo mais que os cartões postais que cada lugar tem a oferecer.

Os mochileiros não são apenas turistas. São andarilhos que visam principalmente o enriquecimento cultural, a bagagem de experiências, recordações e conhecimento que vão buscar nos recantos mais longínquos do planeta.

Esse estilo de viajar, despojado e simples, na verdade é bem mais antigo do que se possa imaginar. Vem de tempos imemoriais, das grandes migrações da pré-história humana, nas quais usavam tão somente suas sacolas costuradas em couro, contendo nada mais que mantimentos essenciais e alguns poucos pertences. O homem sempre teve essa sede de ver e conhecer.

Mais recentemente, este espírito de aventura foi reavivado com a conhecida "Geração Beatnik", originada nos Estados Unidos e formada por escritores e artistas. Ela revolucionou os costumes da sociedade americana das décadas de 50 e 60. O ícone dessa filosofia, o escritor norte-americano Jack Kerouac, com seu bestseller "On the road", influenciou várias gerações a caírem na estrada, abrindo caminho para o movimento hippie, verdadeiros mochileiros idealistas.

Nos dias de hoje essa filosofia de amor a liberdade vem tomando força com os backpackers. Espalhados pelos albergues, nas estações ferroviárias e mesmo à moda antiga, pedindo carona nas estradas. Predominantemente compostos por jovens aventureiros. Não obstante, encontramos entre os mochileiros, senhores e senhoras experientes, e até famílias inteiras juntas e felizes correndo o mundo. Eles continuam esticando seus orçamentos ao máximo para ir o mais longe possível.

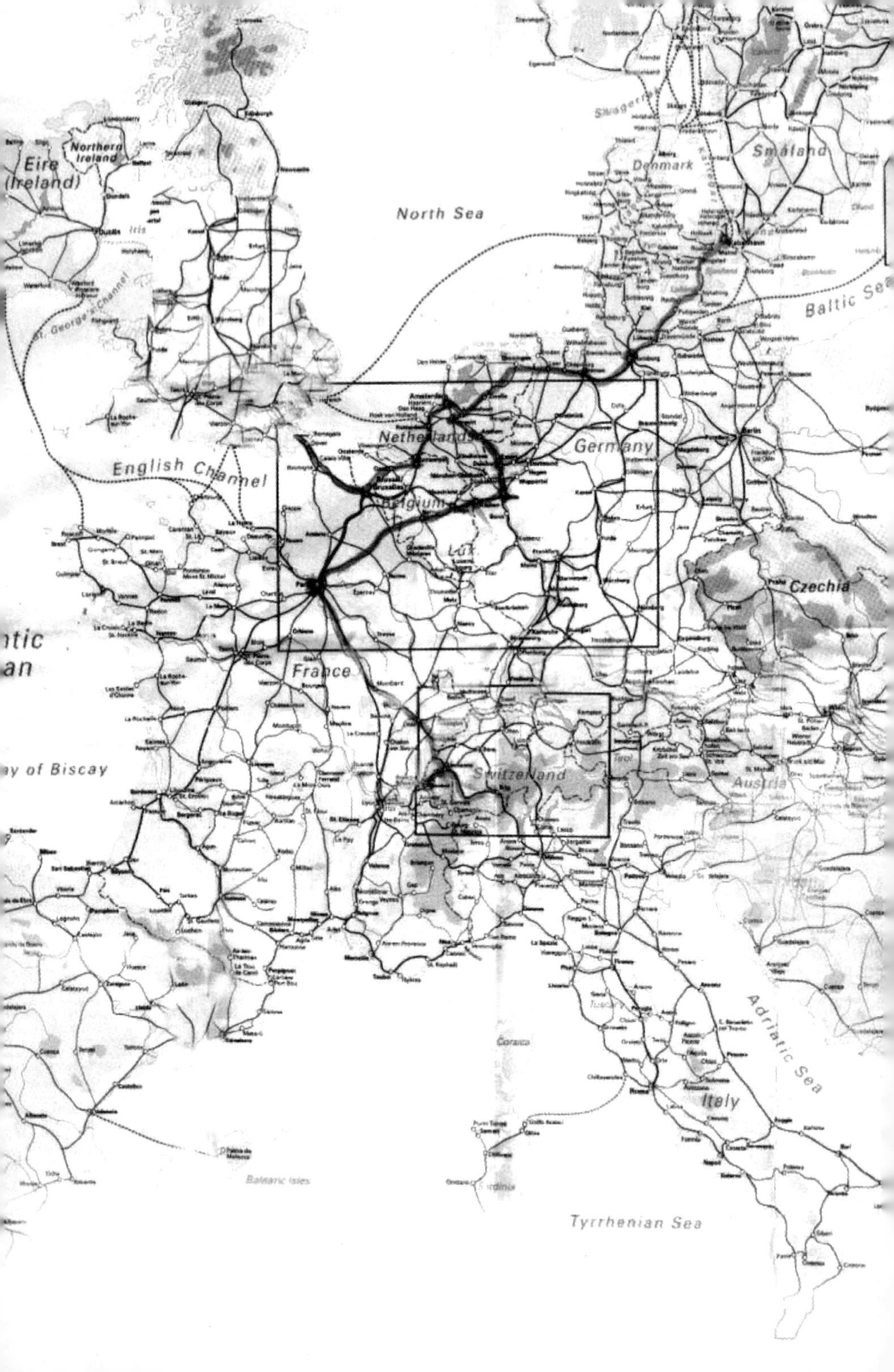

Eire
(Ireland)
Northern
Ireland
North Sea
Denmark
Småland
Baltic Sea
English Channel
Netherlands
Belgium
Germany
Lux.
Czechia
France
Switzerland
Austria
Bay of Biscay
Adriatic Sea
Italy
Tyrrhenian Sea
Balearic Isles
Sardinia
Corsica

CAPÍTULO 1

[1]Suddenly I felt myself free, distant on the time and space. I was in another world...

Ela parecia estar em transe. O olhar fixo no horizonte... As lágrimas escorriam no rosto avermelhado pelo vento frio. O mesmo vento suspendia seus cabelos coloridos pelo ar. O mesmo vento a fazia tremer dentro do pesado casaco de inverno. Estava lá, parada, sozinha no alto daquela colina, contemplando o lago envolto de uma densa névoa logo abaixo das escarpas.

Seus olhos iam além da majestosa natureza a sua frente, além do tempo e do espaço. Eles pareciam mirar algo que já se fora há muito tempo... Vultos que já não caminhavam naquele estreito vale.

Dharma era uma pessoa especial. Sempre o fora desde a infância conturbada, vivida com o pai militar, viúvo e autoritário. Naquela época, seu irmão Jonas, tinha sido sua âncora para a realidade, da qual ela sempre tentara escapar pensando em outras terras, distantes e diferentes de seu mundinho em Brasília. Viajava com sua mente...

Desde cedo sentira-se uma pessoa do mundo, desapegando-se dos amigos no colégio militar, que freqüentava a contra-gosto obrigada pelo pai. Essa era apenas mais uma das coisas que tanto lhe distanciaram do velho coronel Diogo. Realmente nunca se deram. Jonas, o irmão carinhoso, a quem Dharma amara de verdade, fora a única ligação entre aquelas pessoas tão distintas, e, quando morreu, morreu também toda a chance de se entenderem.

Estudando na Europa, longe da influência do pai, Dharma se descobrira finalmente. Mas continuava ser uma pessoa um tanto distante, sempre sonhadora, procurando o que nem sabia

[1]De repente eu me senti livre, distante no espaço e no tempo. Eu estava num outro mundo...

ter perdido. Sentia-se uma alma solitária. Vivia tendo sonhos e com um homem que não conhecia, o qual parecia ser a sua alma gêmea. Seus amigos até se preocupavam com ela, pois às vezes agia de forma bem excêntrica.

Sozinha ali, em frente ao lago gelado, deixava o pensamento solto... Podia ouvir os sons de gargalhadas regadas a uísque dos clãs, e podia sentir o cheiro da carne que assava ao fogo crepitante junto às rochas. Não era imaginação. Eram como lembranças de outra vida. Uma reminiscência que persistia em sua mente e que se manifestava em todos os seus sentidos, tão viva... tão real...

É certo que a bebida, algumas doses de uísque, tomadas pouco antes para aquecer-se na fria manhã escocesa, contribuíra para aquele estado alterado na consciência da garota. Mas ela não estava embriagada, apenas ligeiramente alta. O lugar sim, um recanto do Lago Ness, junto às velhas ruínas de um castelo, este tinha realmente mexido com ela. Sentia-se estranhamente atraída pela paisagem, como se já tivesse vivido ali há muito tempo, embora fosse sua primeira visita ao interior da Escócia. Separara-se do grupo da escursão para caminhar e meditar um pouco. Sua mente vagava solta.

Agora as imagens se clareavam. Ela quase podia ver rostos sorrindo, pessoas andando de um lado para outro, no que parecia ser uma pequena aldeia. Um grupo de homens conversava alegremente junto ao fogo. O brilho do metal de suas espadas ofuscava um pouco a vista, mas o colorido de um [1]*tartan* familiar chamou sua atenção: aquele tecido xadrez, vermelho com azul escuro era especial.

Era como se ela mesma tivesse tecido o padrão e costurado o saiote para o homem que o vestia. "O homem..." Um arrepio subiu-lhe a espinha; "Eu o conheço!" Pensou Dharma num misto de surpresa e felicidade no devaneio de sua mente.

[1] *Tecido tradicional escocês.*

Ele estava quase que de costas para ela. Um pouco adiante do grupo, apreciando o reflexo do pôr do sol nas águas gélidas do Ness. Sim... era ele: o homem dos seus sonhos, do qual ela nunca conseguia lembrar o rosto. Talvez agora, aqui... Ela aproximou-se lentamente... Seu coração galopava no peito. Colocou a mão sobre seu ombro — ouviu sua voz rouca, mas amorosa dizendo: "é você?" De repente tudo sumiu, as imagens se desvaneceram. Num susto sentiu uma presença a seu lado.

— Claus! Você? — Um jovem alto, de rosto comprido e olhar colérico estava ali. Vestia um longo e surrado casaco de couro sobre a camiseta preta. Esse lhe caia até os joelhos. A alvura de sua cabeça raspada contrastava com o verde das árvores. Tinha uma enorme mochila nas costas e carregava uma outra um pouco menor nas mãos, a qual jogou aos pés da garota. Encarando-a nervosamente, disse num inglês carregado de sotaque alemão:

— Finalmente te encontrei! O que pensa que está fazendo aqui?

— O que você quer Claus? Eu pedi para não vir atrás de mim! Você não entende? Quero apenas ficar um pouco só.

— Eu entendo, mas o motorista do ônibus não! Ele cansou de esperar a minha "namorada maluca", descarregou nossas coisas e *bye bye*. Agora estamos aqui no meio do nada, sem condução, nem lugar para passar a noite.

O ônibus da excursão havia parado para tomada de fotos num trecho muito bonito do famoso [1]*Loch Ness*. O motorista tinha sido bem claro quanto ao tempo: "Apenas quinze minutos!" Não podendo mais esperar, havia partido deixando o casal.

O velho motorista, Mr Jones, que era também guia turístico das [2]*highlands*, saíra preocupado, principalmente porque se afeiçoara instantaneamente àquela moça brasileira que lhe fizera o retrato como pagamento pela viagem.

[1]*Lago Ness.*
[2] *Terras Altas (Escócia).*

Dharma pintara o retrato do escocês a óleo sobre cartão, com uma nova técnica que estava aprendendo, muito comentada e cobiçada pelos retratistas europeus. Era de difícil execução, envolvia a superposição de máscaras recortadas em espátulas plásticas que serviam para isolar os contornos no desenho. Isso evitava o esboço de traços grosseiros na demarcação das linhas fisionômicas. Tinha que ser feito na hora e com muita agilidade nas mãos. Todavia, o resultado era magnífico. As pessoas faziam fila para serem retratados pelos poucos artistas que dominavam aquela revolucionária técnica. E esses, não tinham o menor interesse em ensiná-la aos menos experientes. Ela sabia muito bem o quanto lhe custara para começar a aprender. Só depois de muita sedução, Guilhermo, um pintor italiano que conhecera na escola, concordara em repassar-lhe o pouco que aprendera com um misterioso artista viajante.

Aquilo tinha sido um investimento em sua carreira, pensava Dharma. Não podia dizer que estava ganhando muito dinheiro com os retratos, mas pelo menos agora, todos admiravam seu trabalho. Em qualquer praça que chegasse, logo levantava o bastante para comer e pagar uma cama de algum albergue barato.

Não fora difícil a troca pelos lugares na excursão de Mr. Jones. O velhinho ficou fascinado com a pintura de seu rosto usando uma tradicional boina da guarda escocesa, com a figura do monstro do lago ao fundo. "Nessie" , como ele carinhosamente chamava, era uma lenda antiga da região que todos diziam ter avistado pelo menos uma vez na vida. "Conversa para turista" Pensou.

O roteiro pelo lago Ness e Highlands: as terras altas da Escócia, era um dos mais procurados pelos turistas em Inverness. Partia do Centro Turístico próximo ao castelo e percorria um longo caminho por entre montanhas e florestas do norte da grande ilha britânica. Tinha paradas programadas em diversos pontos pelo caminho como: o centro de estudos do Monstro, onde se podia ver um filme que documentava todas as buscas e estudos realizados ali até então. Paradas em lojinhas de souvenires, que além das quinquilharias usuais, proporcionavam maravilhosas degustações de uísque artesanal. Fortes e licorados, eram um verdadeiro convite a um pilequinho básico naquelas terras geladas. Parava-se também em pequenas manufaturas de *Tartans*, que são os famosos tecidos xadrezes dos quais se fazem o *kilts*, aquelas saias engraçadas que os homens vestem na Escócia. E ainda, havia paradas rápidas nas margens do lago para a tomada de fotografias.

— O velho disse só "quinze minutos"! — Grasnou o alemão enfurecido. — Você sumiu a quarenta! E agora? Tem idéia de onde fica a cidade mais próxima?

Dharma sorriu com um olhar pensativo, buscando uma resposta. Era uma jovem inteligente, não se assustava com facilidade e nunca perdia o controle da situação, principalmente com os homens.

— [1]*Don't worry* meu chucrutezinho! Mudança de planos. Vê aquelas ruínas? Já pensou o quanto deve ser incrível, passar a noite inteira transando entre os fantasmas num velho forte como aquele? — Falou num tom zombeteiro, porém com convicção. Claus desfranziu o semblante e balançou a cabeça, com um sorriso meio bobo sem saber o que dizer. Dharma pensou consigo mesma: "Quanto mais fortes e grandes, mais tolos e previsíveis!".

[1]*Não se preocupe.*

A noite estava muito fria, mesmo nos sacos de dormir, os ossos pareciam congelar. Eles não conseguiam dormir. Contudo, não pareciam preocupados, seria uma longa noite de tremedeira e gozo.

Dharma era uma garota ambígua. Gostava de homens inteligentes e sensíveis, no entanto, às vezes arranjava namorados totalmente opostos a isso. Conhecera Claus em Londres. Ele era um artista de rua como ela, apresentava-se com malabares enquanto ela fazia retratos em Lacesquare, uma praça onde se reúnem pintores e retratistas perto de Picadilli Circus.

O moço não era nada do que ela sonhara para companheiro. Morava na rua com um grupo de mal encarados [1]*skinheads*, uma turma de carecas radicais que pareciam ser contra tudo e todos. Claus não era bom artista, só mais um jovem europeu de classe média, que deixara o conforto da casa dos pais em Hamburgo, para dar uma de *homeless*, artista sem teto nas ruas londrinas. As moedas que os passantes lhe deixavam não davam nem para comer, contudo, algo no seu jeito rude cativou Dharma. Tinha uma energia que a atraia, além do que, era realmente bonito, e ela: uma caçadora. Mas, só o aceitou quando ele largou os amigos arruaceiros.

Estavam juntos há quase três meses. Claus não desgrudava um momento, era ciumento, às vezes preconceituoso. Isso a irritava. No entanto, em momentos como aquele, era bom ter um homem forte e sedento de amor por perto.

A noite foi insuportavelmente fria. Fizeram uma pequena fogueira para aquecer-se. Não bastando, fizeram amor. Na maior parte do tempo, Dharma fantasiou pensando no homem da visão. O sem rosto, que deveria ser doce e meigo, e quem sabe, talvez: insaciável e viril como Claus.

— Acorda Claus, já é dia, tem um carro parado lá na frente,

[1]*Grupo de jovens rebeldes) de costumes e idéias radicais (Caracterizados pelas cabeças normalmente raspadas).*

vamos rápido! Se pegarmos essa carona, ainda dá tempo de chegar em Edimburgo, precisamos encontrar meu primo.

— Como? Edimburgo... Primo? — Perguntava o rapaz, enquanto se apressava pegando suas coisas.

— Vamos! Eu te explico no caminho. Pedi a O'Connor para buscá-lo no aeroporto em Londres. Seu nome é Kácio. É um primo que não vejo há anos, que cismou de conhecer a Europa. Nem sei se vou reconhecê-lo... Mas quando éramos crianças nos dávamos muito bem. Fomos criados praticamente juntos... Combinei com a "O" para encontrarmo-nos no Castelo.

Na verdade a caminhonete estava esperando por eles. Mr. Jones pedira a um sobrinho, que trabalhava numa fazenda de ovelhas perto do vale, para dar uma passada e checar como os dois mochileiros tinham-se saído. No outono é frio e o movimento das estradas diminui por ali. Ele ficara preocupado, sentia uma certa simpatia pela aquela gente nova e esquisita que costumava perambular com suas mochilas.

— Olá, o meu tio pede desculpas por tê-los deixado — Disse o rapaz com aquele jeito meio caipira de gente do campo. — Vamos, eu deixo vocês em Inverness. Estão indo para Fort Wilian também?

— Não, porque Fort Wilian? Perguntou Dharma?

— Ora, tem uma multidão de *backpackers* indo para lá! Eu sei por que meu irmão trabalha na estação. É uma espécie de encontro ou festa sei lá... Que vai acontecer em Bem Neviss.

— Bem Neviss? O que é? — Indagou Claus.

— Bem Neviss é uma montanha. — Respondeu Dharma com aquele olhar pensativo — Então é verdade o que Guilhermo disse sobre o Encontro!

CAPÍTULO 2

[1]I've just arrived ... and now?

Depois de uma longa noite de viagem, Rio/Frankfurt/ Londres, na classe econômica, numa travessia de mais de quinze horas sobre o atlântico, Kácio não via a hora de aterrizar. Não conseguira dormir cinco minutos! Talvez pela excitação da chegada ou pelo desconforto da poltrona.

Já avistava por entre as nuvens, as casas com suas chaminés fumegantes. Conseguia ver os carros, ônibus e trens, em seus movimentos frenéticos pelas ruas da capital britânica. O avião se aproximava da pista, pousaria em instantes. Ele sentiu um frio no estômago. Nunca havia saído do Brasil. Só de pensar em desembarcar... Numa terra estranha...E se o oficial da alfândega não fosse com sua cara? Já tinha ouvido falar de brasileiros mandados de volta, e direto do aeroporto! Isso, por desconfiança de imigração ilegal. Estava só, solteiro, não tinha emprego nem era estudante... E se ele se enquadrasse no perfil errado? "Calma Kácio", falou consigo, "não adianta amarelar, o avião ainda nem pousou!".

Tentava relaxar os nervos foliando o Daily News. As manchetes eram pesadas: " Neonazistas agem novamente".

[1]Eu acabei de chegar... E agora?

Haviam incendiado uma boate gay em Londres. "Partido de ultra-direita lidera pesquisas pré-eleitorais na Alemanha". Os políticos europeus haviam redescoberto o filão eleitoreiro com velhos discursos racistas e anti-imigração. "Terroristas explodem bomba em lanchonete turca na estação de Frankfurt". Kácio resolveu largar o jornal. Tinha suas próprias preocupações. Estava vindo à Europa, com o propósito de encontrar sua prima Cláudia e trazê-la de volta ao Brasil. O que era uma coisa bem delicada.

Ainda estava atordoado com os últimos três meses de sua vida. Uma seqüência de acontecimentos que ele não esperava, haviam-lhe conduzido àquela viagem. Primeiro a demissão do emprego que tanto lutara para conseguir numa agência de publicidade no Rio. Ele era designer gráfico. Por último o estranho pedido do seu tio: pai de Cláudia, para que ele encontrasse a prima e a fizesse voltar ao Brasil.

Kácio conhecia a história triste e trágica daquela família. Quando criança ele e sua mãe haviam morado de favor com os parentes. Sabia que pai e filha, não se falavam há anos. Na verdade nunca se deram muito bem. Principalmente depois da morte de Jonas, irmão mais velho de Cláudia. Ela jamais perdoara o pai. Culpava-o pelo acidente, pois o irmão fora mandado para a academia militar contra própria vontade. Um capricho do velho militar teimoso que via nos filhos apenas um prolongamento de suas vaidades. Contudo, o pai de Cláudia parecia indiferente ao ódio da filha. Via a moça somente como uma obrigação paterna. Todavia, tinha dinheiro. Mandara estudar na Inglaterra, pois a distância era-lhe confortável diante das atitudes sempre ousadas e confrontantes dela.

Não obstante, com o passar dos anos, algo mudara drasticamente o rígido Coronel Diogo. Talvez a solidão... Depois de reformado, o velho militar viúvo não tinha mais os seus soldadinhos para comandar... Queria a filha de volta. Porém, havia perdido o contato por completo depois que suspendeu a mesada e a mensalidade da faculdade que ela freqüentava.

Kácio fora praticamente obrigado pelo tio, a quem ele e sua mãe deviam muito, a partir em missão de localizar e trazer de volta a prima. A princípio se recusara. Estava preocupado em se empregar. Tinha as prestações do carrinho usado que comprara com muito esforço e precisava ajudar no aluguel do apartamento que dividia com a mãe na capital carioca. Embora uma viagem ao exterior fosse algo que muita gente gostaria de realizar, para Kácio nunca fora uma prioridade. Comprar coisas, possuir os bens que vendia em seu trabalho publicitário é que lhe interessava.

A pressão que sua mãe lhe fizera fora decisiva. Ela o convencera de suas obrigações para com o tio, que os sustentara por anos quando moraram em Brasília. Contou-lhe sobre a verdadeira razão da carência do coronel: uma grave doença cardíaca, a qual o coronel fazia questão de esconder da filha, não querendo usá-la como chantagem emocional.

Não foi difícil localizar Cláudia. Embora não se vissem a mais de cinco anos, os primos mantinham contato esporadicamente por e-mail. Já haviam sido muito ligados em sua adolescência. "Mas trazê-la de volta?" Desde cedo Kácio avisou ao coronel que a filha nem aceitava discutir o assunto. Não obstante, ele estava ali, chegando ao velho mundo, financiado pelo tio, que se incumbira também de lhe quitar o carro e ajudar a mãe enquanto ele estivesse fora. Não tinha muita esperança de cumprir sua missão. Inventara para a prima que vinha a turismo. Estava pelo menos animado por passar algumas semanas na Inglaterra, antes de voltar e recomeçar sua vida profissional no Brasil.

Aquela era sua primeira vez na Europa. Começo de dezembro de um outono frio. Na sua mente vinha aquela imagem bucólica das árvores começando a perder as folhas que se acumulavam no chão, cobrindo as calçadas pelos parques vazios e silenciosos. Ao mesmo tempo quase podia sentir o gosto do [1]*pint of ale*, aquela cerveja amarga descendo pela garganta... Imaginava os [2]*pubs* londrinos lotados de mulheres bonitas, gente interessante muito louca e animada.

Sua prima havia-lhe avisado no último e-mail que trocaram: "o frio tá de doer!" Traga um grosso casaco e luvas". Ele vinha se recordando de seu relacionamento com a garota rebelde, que fora sua companheira, quase uma irmã em sua infância. Haviam-se separado quando ele mudou com a mãe para fazer a vida no Rio de Janeiro. Contudo aquela convivência que tiveram, os marcara profundamente e, mesmo não se vendo por anos, sabia que ficariam felizes ao se reencontrarem.

Cláudia era para Kácio, uma espécie de heroína, uma figura controvertida que embora nunca pensasse seguir-lhe os exemplos, admirava-a por sua coragem de confrontar o pai autoritário e ir atrás de seus ideais. Ela, sempre tão precoce, o ensinara muitas coisas. Tinham compartilhado muitas descobertas e sentimentos. O passado os unia.

Sabendo da insegurança e o parco inglês de escolinha do primo, Cláudia tinha-lhe mandado treinar algumas frases feitas para imigração, tipo: [3]*"I'm going to visit my cousin. She's studing art in a colege here..."* e etc... O que o preocupava era o "etc". Não só devido ao inglês, este já havia melhorado com algumas aulas particulares que tomara antes da viagem. Mas a timidez misturada ao seu temperamento nervoso... Às vezes era difícil se expressar até em português, quanto mais em inglês!

"Eles não costumam perguntar muita coisa, só querem saber o que você faz em seu país, o que quer aqui e quanto tempo vai ficar." Tranquilizou-lhe o passageiro ao lado de sua poltrona.

[1]*Copo com 1/2 litro de cerveja(ale).*
[2]*Bar ou boteco tipicamente inglês.*
[3]*Eu estou indo visitar minha prima. Ela esta estudando arte numa faculdade aqui.*

Para seu alivio o oficial de imigração apenas olhou o passaporte, dirigiu-lhe aquele típico olhar inglês, britanicamente solene e perguntou:

— [1]*Mr Motta...Kácio Motta, how long are you going to stay?*

Saiu um gaguejado — [2]*"j j just a week!"* — Nem deu tempo para gastar um pouco mais daquelas frases ensaiadas nas longas horas do vôo. O oficial carimbou o passaporte e entregou a Kácio. Ele ficou aliviado e saiu pelo portão de desembarque com o passaporte nas mãos ainda trêmulas e suadas, pensando: "desta me livrei!". Sabe como é: na primeira viagem a gente sempre imagina que algo pode dar errado, só depois quando já temos algumas milhas na bagagem é que sabemos que isso é absolutamente verdade.

[1]*Sr. Motta... Kácio Motta, quanto tempo você vai ficar?*
[2]*Sssssó uma sesesemana...*

CAPÍTULO 3

[1]You think that world is huge... And it is.
But it doesn't matter, just start to walk.

— Relaxe Guilermo, os que estiverem ligados, irão! Você fez sua parte. "Andorinhas voam em bando".

— É mais complicado do que você pensa Van. Viajantes são um tanto difíceis de se reunir! Tem gente mochilando pelo mundo inteiro, gente importante para nós. Precisamos trazê-los para a causa, além das outras pessoas influentes sobre as quais te falei.

Estavam os dois companheiros no convés. O vento soprava forte e gelado no mar do norte. Harwich, uma cidade portuária da Inglaterra, estava ainda há duas horas. O navio cortava as ondas espumantes que separam o continente do Reino Unido. Haviam partido muito cedo de Esbjerg, Dinamarca. Sempre viajavam de trem, mas dessa vez para evitar distúrbios provocados pelos neonazistas na estação de Hamburgo, decidiram pelo Ferry. Ou como disse Van: "nada como a brisa fresca do oceano!" Chegariam ainda à noite em Londres, à tempo de

[1]Você pensa que o mundo é enorme... E é. Mais isso não importa, apenas comece a andar.

fazer alguns acertos e pegarem o último trem para Glasgow. Com sorte estariam em Forte Wilian no outro dia.

Tinham tempo para conversar. O jovem Veneziano estava inquieto, gesticulava incessantemente com as mãos nas luvas de couro. Seu cabelo encaracolado parecia armado devido à violência do vento, mas aquele clássico rosto italiano dava-lhe uma beleza *sui generis* que contrastava com o rosto de aparência sofrida, mas de semblante descontraído de seu interlocutor.

— Tudo bem garoto, mas, vamos com calma... Uma jornada de mil léguas começa com um passo.

— Desculpe minha empolgação Van. É que eu nunca organizei um evento como esse. Obrigado pelo seu apoio. Eu o fiz interromper seus trabalhos para a exposição... Sei que você anda muito ocupado preparando os quadros... Desculpe...

— Não se preocupe com a exposição. Meu marchand conseguiu mais tempo. Na verdade eu queria mesmo dar uma espairecida antes do meu aniversário... Acho também muito importante essa sua iniciativa para reunir os mochileiros.

— Sobre o seu aniversário: a Janete prometeu uma festa no albergue!

— Festa? Eu não sei não...

— Ora meu amigo, não é sempre que se completa cinqüenta anos. Você é um exemplo para todos nós. Como artista, como viajante... — Falava o rapaz num tom carinhoso enquanto dava uns tapinhas nas costas de seu companheiro.

— Estou apreensivo quanto ao sucesso do Encontro. Talvez a Escócia seja um pouco isolada e a cidade de Fort Wilian um tanto desconhecida... Não sei... Precisamos mostrar uma grande adesão, se quisermos o apoio dos políticos! Pedi a Angelina que ampliasse a divulgação em Roma. Tenho amigos em Lion e Valence, nosso grupo está mobilizado em Londres, com internet, cartazes, panfletos e etc... Mas ainda assim...

— Não se preocupe, se "ocupe" meu caro! Eu já percorria as sinuosas estradas das highlands desde os tempos do [1]*Power Flowers*. Posso lhe dizer que onde um viajante de verdade quer chegar, ele chega. O mundo parece grande quando se está parado... Maior são nossos passos quando guiados por essa vontade incontrolável de conhecer as coisas... — Filosofava aquele estranho senhor junto a seu jovem amigo enquanto o navio moviase insistentemente contra o vento, cortando as ondas naquela imensidão solitária das águas do mar do norte.

[1]*"Poder das flores"*
(expressão usada nos anos setenta pela geração "paz e amor").

CAPÍTULO 4

[1]Do you speak English? What about Spanish? Never mind, we have hands...

Kácio estava apavorado. Passara pelo portão de desembarque e nada de sua prima. Uma hora andando sem rumo naquele gigantesco aeroporto à procura de Cláudia o deixara angustiado. O zum zum zum dos diversos idiomas que se podia ouvir por entre os longos corredores era desconcertante.

Heathrow é como uma moderna Torre de Babel para um viajante calouro. Você fica confuso. Pessoas que chegam e que saem, falam uma mistura da própria língua com um inglês quase sempre sonolento e enferrujado.

"O que é que deu errado? Pô! Nós combinamos!" Resmungava Kácio já cansado de procurar pela furona. Sentado sobre sua mala, roia as unhas de uma mão enquanto a outra lhe coçava nervosamente a cabeça. Seu olhar impaciente de um lado

[1]Você fala Inglês? E Espanhol? Não importa, nós temos as mãos...

para outro do saguão chamou a atenção de Elisabeth. Ela aproximou-se a passos largos e sonoros, com aquelas velhas botinas de campanha. Parou a uns dois metros de Kácio com as mãos para trás e um olhar amigável. Este levantou a cabeça meio surpreso por um segundo. Ficaram ali olhando um, as peculiaridades do outro. Realmente não tinham nada em comum. Ela com uma aparência desleixada, com roupas velhas de brechó. Ele, num estilo "Mauricinho: com a camisa pra dentro do jeans de grife e o cabelo curto e penteado".

Depois de um segundo, a estranha garota sacou um pequeno cartaz que trazia em mãos, escrito "*Bien venido* Kácio". Apontando para o cartaz em seu peito a garota tentava balbuciar algumas frases num espanhol que incrivelmente, parecia pior que o inglês de Kácio. Então ela repetiu tudo em inglês, Kácio pediu para que ela falasse devagar. Lentamente ela disse:

— Meu nome é Elisabeth O'Connor, sou amiga de sua prima Dharma e estou aqui para recebê-lo em seu lugar.

Ela desculpou-se rapidamente pelo atraso, explicando que deveria estar esperando-o no desembarque. Kácio entendia apenas alguns trechos das frases da garota...

— Mas quem é essa tal Dharma? Porque...

— Sua prima! Desculpe, mas podemos conversar enquanto andamos? Temos que pegar o ônibus para Edimburgo.

— Ônibus? Para onde? — Perguntava Kácio enquanto se apressava em seguir as passadas rápidas da garota à sua frente. O que era difícil, pois sua mala estava pesada e não tinha rodinhas. Não estava entendendo tudo, mas já tinha pescado que se tratava de uma amiga de Cláudia que o estava levando ao encontro da prima.

Sua cabeça estava confusa, aquilo não estava nos seus planos. Kácio era do tipo que planeja. Não gostava de surpresas, não acreditava em sorte ou azar. Tudo que fugisse aos seus planos o deixava inseguro, e tudo estava saindo totalmente diferente do que ele visualizou para sua chegada.

Tomaram o metrô de Heathrow até South Kensington onde pegaram a District Line para Vitória Station. Com muita dificuldade os dois estavam conseguindo comunicar-se. Com uma boa ajuda das mãos é claro. Os gestos ainda são a linguagem mais universal. Kácio sofria com o sotaque escocês da nova companheira. Na verdade o inglês que se fala na Escócia tem muitas expressões e palavras bem peculiares como: *Bonie* para bonito ou *loch* para lago... E por aí vai...

— Por que estamos indo para Edimburgo Elisabeth? Eu não pretendia ir até à Escócia...

— Por favor, meus amigos me chamam: "O".

— "O", apenas "O"? — O rapaz estranhou o apelido, uma espécie de abreviação de O'Connor.

— Sim, só "O". Simples, direto e redondo como o próprio desenho da letra. Quanto à Escócia, minha terra, você vai amar. Trouxe sua câmera? Dharma falou que você fotografa muito bem.

Cláudia, agora era chamada de Dharma, algo como um nome iniciático, dado por um mestre ou guru que a prima conhecera na Índia. Pelo menos, foi o que Kácio conseguiu "undestender" da explicação de sua nova companheira. Enquanto "O" descrevia para Kácio os pormenores da viagem, ele a observava.

Era uma figura interessante. Seus olhos eram de um azul brilhante quase oceânico. A pele cheia de sardas dava entender que gostava de sol. Mal se podia perceber cor original dos seus ruivos cabelos, tinham tanta tinta que pareciam um quadro de Vangogh. A jaqueta do exército, aparentemente comprada em um brechó, era uns dez números maiores que o tamanho da moça, mas combinavam perfeitamente com as botinas.

Kácio ficou pensando... "Puxa minha prima arruma cada amiga!"

Subiram os degraus da famosa estação Vitória, saíram

rapidamente pelo portão lateral rumo a Vitória Couth Station para pegarem o ônibus. As ruas estavam movimentadas. As pessoas estavam saindo do trabalho: 05:00pm. Já estava anoitecendo. A estação rodoviária ficava a dez minutos de caminhada.

Kácio estava cansado. A mala estava pesada, cheia com as varias peças de roupa, sapatos, tênis, cintos, desodorantes, perfumes e etc... Ele trazia ainda uma bolsa de viagem com toalhas, revistas e objetos pessoais. A dupla chamava a atenção pelo seu contraste: um rapaz bem vestido, com sua bela mala de couro. Porém deverasmente desengonçado, procurando seguir os largos passos daquela Backpacker maltrapilha.

"O" comprara as passagens com antecedência. Enquanto ela pegava sua mochila no guarda volumes, Kácio comprou algumas besteiras para comer e água.

Seria uma viagem cansativa nas poltronas apertadas por toda a noite. Chegariam pela manhã e começariam o dia se encontrando no castelo.

CAPÍTULO 5

[1]From here, on the top of this castle, we can see the new town. But beyond this landscape, there are lots of wonderful places, more than our minds could guess.

Kácio e "O" haviam acabado de chegar. Deixaram a bagagem no guarda volumes da estação rodoviária e desceram a rua até a Princes Street, principal avenida da cidade nova em Edimburgo, Escócia.

Da esquina, em frente ao belo e verdejante parque, Princes Street Gardens, que se estende por uma baixada aos pés da pequena montanha, puderam avistar no alto das rochas, o imponente Castle Hill, o castelo de Edimburgo.

Mesmo não sendo grande admirador da arquitetura medieval européia, Kácio ficou impressionado. Durante a longa caminhada morro acima, dando a volta por ruelas e subindo longas escadarias, ele ia indagando a sua companheira sobre o castelo.

— Na verdade essas fortificações foram construídas aos poucos e em épocas diferentes. — Tentava recordar-se "O" falan-

[1]Daqui, do alto desse castelo, nós podemos ver a cidade nova. Mas além desta paisagem, têm muitos lugares maravilhosos, mais do que nossa mente poderia vislumbrar.

do ofegantemente enquanto subiam um lance de escadas.
— Se não me falha a memória, as primeiras construções são do século XI ou XII, mas por uns quinhentos anos foi sendo reformado e ampliado, principalmente devido às tentativas de invasão e saques.

— E a escolha desse lugar, no alto das pedras? Era pra dificultar as coisas para os inimigos?

— Isso mesmo. — Respondeu "O", enquanto paravam para comprar os ingressos. — A maioria dos castelos e fortificações utilizava a mesma estratégia nas construções: pensavam em defender-se contra os inimigos. Daqui de cima, pôde-se ver com facilidade todo o vale abaixo.

Era ainda bem cedo. O castelo estava quase vazio, os pesados portões estavam abertos. Poucos turistas começavam a chegar. O céu que amanhecera nublado, agora deixava passar os primeiros raios de um sol nordicamente pálido, não obstante, de um sutil dourado que tingia as paredes de rocha maciça com um amarelo de cromo claro esplendidamente bonito.

— Espera um pouco, vou tirar umas fotos. A luz está perfeita! — Disse Kácio, enquanto passavam sob um daqueles portões que a gente vê nos filmes de Robin Wood, que abrem verticalmente a pesada grade de madeira e deixam as pontas à mostra, sobre as cabeças de quem entra.

— Mais uma: sorria... — Divertia-se Kácio enquanto disparava sua câmera para todos os lados. — Agora você tira umas minhas. — Pediu entregando a máquina para a companheira.

— *Ok*... Mais para trás... Um pouco mais... — "O" tentava enquadrá-lo junto ao canhão.

— Não vai esbarrar em mim! — Alguém disse em português e numa voz familiar vinda por de trás de Kácio.

Ele reconheceu automaticamente a voz de sua prima, que acabara de chegar, sem ser notada.

— Cláudia! — Disse enquanto a tomava nos braços calorosamente.— Meu querido priminho... Você não mudou nada! Continua o gatinho de sempre!

— Ual! Mas você sim... Está bem diferente... — Realmente ela mudara bastante nos últimos três anos. Estava bem mais magra, metida nas roupas desgastadas de mochileira. Sua pele de morena clara, agora, mostrava-se com uma alvura quase albina devido à ausência do sol tropical que estava acostumada. Mas o que chamava atenção era os seus cabelos. Muito longos, pendiam soltos pelas costas da garota. Eram também adornados por meia dúzia de grossas tranças ao estilo *rastafari*, ou *dread locks* como são mais conhecidas atualmente, despretensiosamente arranjadas em sua cabeça. Os cabelos estavam ainda tingidos de loiro, verde e algumas mechas vermelhas. Além de tudo, a garota usava [1]*piercings* espetados no nariz e sobrancelha. — Que louco esse seu visual! — Kácio estava surpreso com a mudança na prima. Já tinha visto pessoas de aparência exótica em revistas estrangeiras ou shows de rock. Mas pessoalmente, e ainda sua própria prima! Porém esse tipo de coisa: mudanças radicais eram bem freqüentes na vida de Cláudia, melhor dizendo, agora: Dharma.

— Você gostou? Tem muita gente aderindo a um *look* mais descolado assim. Se quiser, levo-o num *body piercing*— aqui mesmo em Edimburgo.

— Por enquanto não. — Respondeu prontamente. Kácio era jovem e de cabeça aberta, porém, um pouco conservador no que se referia a moda. Achou até legal a aparência da prima, no entanto, "não poderia voltar para o Brasil de cabelos pintados e brincos espalhados pelo corpo", pensou.

Estavam tão contentes com o reencontro, que acabaram esquecendo-se dos outros. Ficaram trocando as novidades por

[1]*Tipo de jóia usada para adornar o corpo. Assemelha-se a brincos, por serem colocados em orifícios feitos previamente na pele e ou cartilagem.*

alguns instantes até que Dharma lembrou do rapaz que a acompanhava. Ele estava já impaciente e meio sem graça logo atrás deles.

— Desculpe Claus, esse é o meu primo Kácio, de quem lhe falei. — Apresentou Kácio ao namorado, em seguida foi cumprimentar a amiga "O".

Claus mal apertou a mão de Kácio, e com um sorriso forçado, meio cínico, fez um comentário bem baixinho, como se estivesse pensando alto.

— Perdão, eu não entendi... — Disse Kácio, querendo se desculpar pelo [1]*listening* fraco.

— Ele falou em alemão! — Interrompeu Dharma bruscamente. — E não teve a mínima graça! — Ela falou num tom sério olhando para o namorado.

Ele repetiu a frase desta vez em inglês, dando de ombros como se não tivesse dito nada de errado.

— Eu só disse que é engraçado mulheres brancas com parentes negros.

Dharma ficou possessa. Conhecia o pensamento racista de Claus. O comentário fora num sentido pejorativo sobre a cor do primo. Kácio era um belo moreno bronzeado das praias cariocas. Ela puxou o namorado pelo braço e foram discutir um pouco afastados.

Era uma cena quase surrealista. Ela não era tão baixinha, contudo, perto do alemão, parecia uma criança com um adulto. Isso não a intimidava. Sua bronca era embaraçosa. Com o dedo em riste, quase que no nariz do namorado. Ela falava alto, hora em inglês, depois em alemão. Claus apenas ouvia e balançava a cabeça reconhecendo a mancada. Ao retornarem ele se desculpou meio envergonhado.

— Claus vai com você buscar as mochilas na estação, dormiremos hoje no Bruntsfield. Tudo bem pra você? — Perguntou

[1]*Expresão inglesa para ouvir/entender.*

Dharma para a amiga. Queria ficar a sós com Kácio, botar a conversa em dia. — Amanhã partiremos para Fort Wilian. Vamos ao Encontro de mochileiros: o Claus vai te explicar.

— O Encontro vai acontecer mesmo? Isso é ótimo! — Disse "O" tomando a mão de Claus. — Você vai me contar tudo.

Já caminhando com "O", Claus virou-se para Dharma e perguntou de longe:

— Encontramo-nos no almoço?

— Ok, que tal o Baked Potato, às 13:00h. — Respondeu a brasileira, entendendo o ciúme do namorado.

Os dois primos ficaram passeando pelo castelo naquela manhã ensolarada, abraçados e felizes por estarem novamente juntos depois de anos.

— Mas o que ele quis dizer com aquele papo de branca e negro? — Perguntou Kácio.

— Nada que valha a pena saber meu gato. O Claus é legal, mas tem essas bobeiras racistas de vez em quando. É coisa que ele aprendeu quando andava com uns caras idiotas lá em Londres. Uma turma de carecas abobalhados que se acham melhores que os outros e tem umas idéias estúpidas como: neonazismo e outras aberrações.

— Você gosta dele? Não parece o seu tipo...

— Não sei, um pouquinho talvez. Estou quase caindo fora, vivemos em mundos diferentes. Ele é sincero e amigo, mas consegue ao mesmo tempo ser estúpido como hoje. Imagina que ele não acreditava que eu era brasileira? Só por eu ter a pele clara e falar inglês sem sotaque. Tive que mostrar meu passaporte! As pessoas aqui na Europa são totalmente ignorantes sobre as coisas do Brasil. Eles pensam que vivemos em florestas e que lá só tem índios. Os mais informados imaginam que o Brasil se resume a Copacabana e mulatas com pouca roupa no carnaval.

— Acho que ele não foi com a minha cara...

— Não liga. Na verdade ele ficou foi enciumado. Aqui eles não costumam abraçar os outros com muita freqüência.

Continuaram andando por entre as paredes de pedra. Visitaram uma pequena capela, os aposentos reais, um pequeno museu que conta a história do povo escocês e guarda as jóias da coroa. Entraram e saíram de salas e ante-salas, corredores e escadas.

Kácio tirava fotos das armaduras, espadas, brasões e escudos. Pendurado numa parede podia-se ver um grande quadro com a árvore genealógica da família real, com toda sua descendência.

Dharma deliciava-se com a presença do primo. Conversavam sem parar. Às vezes coisas de casa, dos parentes. Outras vezes das experiências dela na Inglaterra, sua vida na escola e seus amigos. Kácio decidiu não entrar em detalhes sobre a razão principal de sua vinda, pelo menos por enquanto.

— O que aconteceu? Nós tínhamos combinado de encontrar-mo-nos em Londres, não foi? E esse encontro que você falou, do que se trata?

— Na verdade eu vim pra cá por acaso. Por isso não pude te esperar em Londres. Venci um concurso de pintura e a National Galery custeou minha viagem como prêmio. Eu gostei tanto que resolvi ficar mais tempo. Do encontro, eu já tinha ouvido falar por um amigo Italiano. Mas só ontem confirmei o lugar: Fort Wilian, uma cidadezinha no norte, perto de Inverness. Guilhermo, um colega meu, é que está organizando. Pensei que era só conversa, afinal ele não tinha muito tempo para dedicar-se a esse projeto. Quando eu o conheci, estava sempre tão ocupado com os desenhos. Ele também é retratista.

— Retratos? Você continua trabalhando com isso? Disse que o dinheiro não estava entrando.

— Isso foi antes... Minha técnica melhorou muito. Já dá pra

me manter e viajar. Quando o coronel descobriu que eu havia trocado o curso de arquitetura pela escola de artes, suspendeu a mesada. Tive que me virar. Foi melhor assim, tenho vinte e cinco anos. É tempo de assumir minha vida com independência. — Falou com uma certa amargura na voz, sua história mal resolvida com seu pai, era bem perceptível no rancor de suas palavras.

— Mas e sobre esse encontro, qual é a razão disso? — Kácio mudou o assunto percebendo a melancolia da prima quando se referia ao pai. Contudo, deveria voltar à questão, pois tinha que convencê-la a voltar. Trazia consigo, uma carta e uma passagem de avião para ela, enviada pelo coronel.

— O Encontro? Ah... Vai ser incrível! Uma grande festa! Eu já te escrevi contando das minhas viagens, das pessoas que tenho conhecido... Na verdade é como se fosse uma grande tribo de peregrinos. Gente como eu, morando longe de casa, estudantes, artistas e até mesmo turistas em férias, que saem por aí, com uma mochila nas costas, uns trocados no bolso e uma idéia fixa na cabeça: "ver o mundo". — Falou apontando para o horizonte, além da murada de proteção à sua frente.

Dharma empolgava-se ao falar de suas viagens. Era o que ela mais prezava na vida: a liberdade. Sempre quis sair do país, conhecer cidades diferentes, ver pessoas, aprender línguas. Há pouco mais de três anos o Coronel Diogo, seu pai, a tinha mandado para estudar arquitetura em Londres. Ela se apaixonara pela cidade. Seu ritmo frenético e sua diversidade de culturas haviam cativado a brasileira. Lá conhecera artistas, viajantes, gente com quem se identificara de verdade. Foi então que seu talento, que já era conhecido desde a infância, aflorou e a fez mudar de curso. Não foi surpresa, visto que, a arquitetura era antes de tudo uma decisão do pai e não da aluna.

Nesses anos, já tinha feito coisas, visto lugares e conhecido mais pessoas do que em toda a sua vida antes. Todo tempo livre que tinha, usava para conhecer um novo país. Já tinha inclusive visitado a Índia em companhia de seu professor de Yoga. Em tal ocasião, passara pelo ritual de iniciação que lhe batizara com o novo nome: Dharma, que entre outras coisas significaria: seu propósito de vida, o papel que deveria assumir no infinito filme do universo.

Estavam agora no grande "pátio dos canhões" com a bela vista da New Town abaixo e o brilho nas águas do mar do norte dominando o horizonte.

— Você pensou sobre o que lhe escrevi? Sobre o seu pai? — Indagou Kácio com cautela.

— Eu sabia que você ia tocar nisso! — Respondeu Dharma prontamente, como quem já esperava a pergunta. — A resposta você já sabe: é nunca! Eu disse-lhe: que se era só por ele, você não deveria perder seu tempo vindo até aqui!

— Calma, calma! Eu vim por você... E por mim... — Disse acariciando os cabelos da prima, demonstrando um amor fraternal. — Mas você sabe que eu não poderia negar isso para o coronel! Eu devo muito pro tio. Se não fosse ele não sei o que seria de mim e da mãe quando fomos sozinhos à capital.

— Tudo bem, é difícil negar qualquer coisa ao coronel! E eu sei disso muito bem. Ele não dá opções, é sempre ele... Ele... Mas você não teve que agüentar o que eu e o Jonas passamos. — Um brilho úmido de tristeza marejava os olhos da ressentida garota. — Meu pai foi muito mais compreensivo e até amoroso com você Kácio. Você fazia o que queria... Nós, o que ele achava "construtivo". Você escolheu estudar Design Gráfico. Para mim, restou a "arquitetura", e o Jonas, coitado, foi mandado para aquela estúpida academia. Tudo porque era o sonho do coronel, era "construtivo".

— Ele também sofreu Dharma. Eu o vi transformar-se

daquele homem orgulhoso, num sujeito apagado, de olhar vago e desiludido. Cada vez que ia visitar-nos no Rio — quando mudamos..., parecia mais acabado. Logo depois que você veio para Europa ele se aposentou. Vive sozinho em Brasília, não vai ao clube nem ao quartel. Faz apenas longas caminhadas até o lago e dorme a tarde toda. — Kácio era sincero. Conhecera a prepotência do tio e agora sua decadência. — Seu pai mandou-me entregar essa carta. — Sacou um envelope do bolso. — Tem também, uma passagem de avião para o Brasil no envelope.

Ela leu em silêncio a página única. Linhas regulares de letras grandes e bem desenhadas, escritas pelo velho coronel, sempre tão objetivo e direto. Mas dessa vez, ele parecia bem mais emocional do que o costume. Era um pedido de desculpas. Uma tentativa de reconciliação depois de anos de distância e indiferença. Quando terminou de ler, Dharma não pode segurar a lágrima que lhe escorreu do canto do olho. Pequena e única, assim como a folha de papel que tinha nas mãos.

— Então o "Comandante" quer-me de volta? — Disse ela mais sarcástica do que surpresa. — Entenda-me Kácio: acho louvável sua tentativa, até fico emocionada com a atitude dele. Mas minha casa não é mais lá! Minha família são as pessoas que encontro. Meu lar tem sido a estrada. Nem mais me chamo Cláudia! Agora sou Dharma! Sinto-me outra pessoa... Ou talvez... Agora é que realmente, eu me sinto "eu" mesma! — Rasgou a passagem, atirando os pedacinhos pela murada, os quais se espalharam ao vento caindo pela montanha. Contudo, guardou a carta. — Sabe, ele foi muito duro comigo quando larguei a arquitetura. Não quis saber minhas razões, só impôs condições. Não me ouviu. Eu não queria ser como ele, eu sou uma artista. Ele não se interessava pelo o que eu fazia, da mesma forma que nunca se interessou pelo Jonas...

— Não seja tão dramática Cláudia, isso é: Dharma. Já passou tanto tempo... Ele só queria o melhor para os filhos... Nunca poderia ter previsto o que aconteceu com o Jonas.

— Escuta Kácio, você tem duas opções: esquece essa história de reconciliação ou me esquece e volta para fazer companhia lá para o seu tio bonzinho! — Dharma agora demonstrava uma ira que até constrangeu o primo, embora não fosse tal sentimento dirigido ele, e sim, o desaguar da mágoa represada por anos de ressentimento. Ela nem percebeu o quanto pareceu com o pai autoritário naquele momento. É sempre assim: os filhos imitam dos pais inconscientemente o que mais abominam.

Kácio refletiu por um instante. Talvez fosse aquela, uma causa perdida ou pelo menos, não era o momento para insistir no assunto. Resolveu dar um tempo, curtir a prima e aproveitar a viagem por enquanto.

— Tá bom. Eu fiz a minha parte, você sabe o que é melhor para você! Vamos fazer como combinamos. Você vai mostrar-me as coisas "incríveis" das quais tem me falado tanto... Eu tenho algumas semanas livres. Afinal estou desempregado! — Falou Kácio debochando de sua condição profissional. Era um rapaz confiante e competente. Estava tranqüilo, tinha uma promessa de emprego numa grande agência do Rio. Era uma questão apenas tempo para ser chamado ao trabalho. Enquanto isso estava ali, junto à prima, viajando pelo Reino Unido, bancado pelo tio. "Porque não aproveitar"?

Dharma gostou da mudança de assunto. Deu-lhe um grande beijo no rosto e pegou sua mão. Juntos continuaram andando pelo longo pátio. Uma risonha e barulhenta turma de colegiais visitava aquela área no momento. Havia brincadeiras, correrias e gargalhadas infantis. Dharma lembrou da infância com o primo em Brasília. Fora uma infância feliz apesar das limitações da criação austera e severa do pai militar. Afastaram-se do barulho.

Dharma debruçou-se num velho e maciço canhão junto à mureta. Uma das armas integrantes daquela fortaleza no passado, agora apenas peça de decoração para impressionar turistas. Seu longo cano de ferro transpassava a muro por um buraco justo, uma pequena janela nas pedras, para fazer a mira na paisagem de um outrora vale verdejante, agora cidade nova de Edimburgo com suas avenidas apinhadas de gente.

— Sabe primo... — falou Dharma ainda debruçada olhando à cidade ao longe. — tenho aprendido nas minhas andanças, que a gente é o que a gente faz. Só fazemos bem, o que temos paixão. Tenho aprendido isso com a vida, em cada lugar que vou. Vivo o momento com intensidade procurando o aprendizado no presente, e na prática. — Seu olhar contemplava a imensidão, parecendo buscar algo nas ruas movimentadas abaixo. — Esse país é muito especial para mim. As montanhas... Os lagos... Esse céu quase sempre cinzento parece-me tão familiar... Essa semana aconteceu-me algo estranho, uma espécie de visão, como uma lembrança... Sei lá! Estava perto de um lago e uma sensação diferente, uma nostalgia estranha envolveu-me por quase uma hora. Cheguei a ver coisas que não estavam lá de verdade. Venho sonhando com um homem, mas nunca consigo ver seu rosto. Sinto que o conheço bem, como se o amasse, mas é como uma lembrança de outra vida. Você entende? — Virou-se para Kácio esperando alguma resposta. — Acha que estou ficando maluca?

— Claro que não! Isso é... Não sei. — Aquela conversa deixava-o meio incomodado. — Eu acho é que a gente precisa comer alguma coisa, já são 13:30h. — Desconversou Kácio.

— Puxa, o tempo voou! Eles devem estar esperando-nos, vamos! O restaurante é perto.

Saíram do castelo, e desceram pela Royal Mile, uma rua comprida, de uns mil e quinhentos metros que liga o castelo ao

Holyrood House, o palácio real. Ao passarem pela St. Giles Cathedral, uma linda igreja muito antiga, pararam para ouvir alguém que tocava gaita de fole. O som da *bagpipe* ecoava pela rua de uma forma toda especial e tão estridente, que era impossível não parar para apreciar um pouco daquela música tão linda. O músico estava vestido à caráter: com seu saiote xadrez até os joelhos, casaca, meias compridas e uma boina na cabeça. Kácio jogou uma moeda na caixinha e tirou fotos.

— A cidade está cheia desses adoráveis músicos. — Disse Dharma embriagada pela melodia. — Eu nunca me canso de ouvi-los.

— É melhor irmos, lembra? Seus amigos esperam-nos.

— Estamos quase lá.

Continuaram a caminhada a passos mais ligeiros. Descendo pela Cockburn Street, até se depararem com o *pub*: The Baked Potato Shop.

O lugar não era lá essas coisas. Um pouco apertado, poucas mesas. Em compensação as porções eram grandes e os preços baixos. "O" e Claus estavam esperando.

Quando sentaram, logo apareceu alguém com dois enormes copos com cerveja preta. O *pint*, como eles chamam as canecas de meio litro. Claus distribuiu os copos aos recém chegados.

— Sem ressentimentos "primo"? — Disse Claus com um franco sorriso enquanto brindava com Kácio. — "*To Brazil!*"

De fato o alemão estava bem mais simpático agora. Parecia uma outra pessoa. Contava piadas engraçadas, ria muito e tratava Kácio com muita atenção. Dharma já estava acostumada com as flutuações no humor do namorado. Ficou contente. O almoço foi muito agradável, comeram Haggis, um delicioso prato típico escocês, com miúdos de carneiro. Só não "O", que é vegetariana, deliciou-se com a iguaria. Ela pediu uma batata recheada com couve-flor e queijo, uma especialidade da casa.

Conversaram animadamente por horas. Dharma sempre como o centro das atenções. Não por que quisesse assim, mas porque tinha um carisma natural, aliado a sua facilidade de se expressar. Quando percebia o monopólio da conversa, tentava puxar Kácio para a palavra. Ele, um tanto tímido no começo falava pouco. Entretanto, depois de alguns *pints* de cerveja forte, parecia bem mais solto. A língua enrolada pela bebida somava-se ao inglês torto, fazendo com que algumas frases saíssem completamente ininteligíveis. O que era bem engraçado.

"O", com aquele jeitinho meigo, tentava não rir dos [1]*mistakes* do brasileiro. Suas bochechas rosadas às vezes ficavam tão vermelhas que parecia que iam estourar. Ela era a combinação perfeita entre a polidez britânica de seu pai inglês, e a amistosidade escocesa herdada da mãe.

Claus por sua vez, era de uma presença muito forte. Mesmo calado, chamava a atenção, com sua grande estatura. Seus olhos azuis e cristalinos eram de uma beleza delicada, que destoada do rosto grande quase rude. Sua voz grave dava-lhe uma autoridade que não se justificava nos assuntos quase sempre pueris que gostava de tratar.

Depois do almoço saíram para uma volta pelas Closes, umas ruelas estreitas com suas construções medievais. Decidiram ir a pé ao albergue onde estavam hospedados. Kácio reclamou muito ao ter que andar carregando a própria mala rua acima, rua abaixo.

— Você não me avisou que andaríamos tanto assim! — Queixava-se à prima

— Isso é só o começo... Que idéia essa sua de vir com esse trambolho! — Respondeu a prima fazendo chacota da mala do "Mauricinho". Pudera, ele tinha feito a opção por uma mala de "marca", finíssima, porém, pouco prática. A caminhada se estendeu pelo resto da tarde.

[1]*Erro ou engano*

Dharma queria levá-los para dançar e ouvir música folclórica num famoso *pub* em Grosmarket, o Fiddlers Arms. Porém, Kácio e "O", estavam exaustos pela viagem. Resolveram tomar um banho e relaxar. Dharma e Claus saíram sós.

O albergue, o Bruntsfield Youth Hostel, estava lotado. Em parte por estudantes estrangeiros da universidade local, outra parte por turistas visitando a cidade e viajantes diversos de passagem para outras cidades no interior. Era o primeiro albergue que Kácio conhecia. Ele gostou da informalidade dos funcionários e a proximidade com os outros hóspedes. Os dormitórios eram simples, porém grandes e com vários beliches. Os *Lockers*, um tipo armário individual trancável, onde podia-se guardar pertences, ficavam no corredor. Isso deixou-o um tanto quanto preocupado. Não com o dinheiro ou documentos, pois trazia sempre consigo seus *travelers* cheques e passaporte. Porém, não lhe agradava a idéia de perder de vista sua câmera Pentax profissional ou a famigerada "mala", a qual pagara caro no Brasil, especialmente para essa viagem.

— Não se preocupe Kácio, raramente acontecem roubos por aqui. Esse albergue é bem seguro. — "O" normalmente ficava no Bruntsfield, quando estava em Edimburgo. Sua família era de Glasgow. — Mas se você for viajar para o sul da Europa, tome cuidado. Principalmente com a mochila, isso é, "mala"(risos), nos trens noturnos os ladrões costumam agir enquanto você dorme. — A escocesa ainda não tinha se acostumado com a forma que o brasileiro usava para levar suas coisas: "uma mala!" Pensava consigo. "Mais cedo ou mais tarde ele vai perceber que não é muito cômodo ficar arrastando esse baú por aí..."

— Tive que comprar um cadeado na recepção. Disseram que era para trancar o armário.

— É assim mesmo. Você vai precisar dele nos outros albergues e mesmo no trem, para prender a mochila ao bagageiro, se quiser cochilar. Sabe como é: o seguro morreu de velho.

Foram tomar chá no refeitório. Normalmente esses albergues oferecem uma cozinha comunitária para que você prepare suas refeições. Eles têm fogões, panelas, copos e talheres. Tudo deve ser recolocado lavado, para os próximos usuários. Os alimentos são individuais, você deve comprá-los fora, ou na lojinha do albergue. Usualmente chá e café são franqueados.

Eram seis grandes mesas na copa. As pessoas falavam alto enquanto comiam. Vários grupos, de nacionalidades diferentes conversavam animadamente entre si. Kácio e "O" pegaram suas canecas de chá quente, sentaram-se num canto e ficaram observando o vai e vem, dos hóspedes com suas comidas diversas.

Era como se estivessem num restaurante que servia pratos típicos de todo o mundo: lingüiça alemã, chille mexicano, até mesmo uma pretensiosa feijoada, poderia ser encontrada em meio às panelas daquela cozinha literalmente internacional. É evidente que os ingredientes nem sempre eram os mesmos do país de origem, contudo, os pseudomestre-cucas, tentavam fazer o melhor para seus estômagos "exigentes". Tinha ainda, é claro, uma grande parte de viajantes esfomeados que se contentavam com o universal mexido de ovos no pão acompanhados pela fiel: Coca-Cola.

Refeitórios de albergues são ótimos lugares para se conhecer pessoas, trocar experiências e dicas de viagem. Tem sempre alguém que veio do lugar para onde você vai, ou vice e versa.

Kácio ouviu algumas palavras em português que vinham do grupo na mesa ao lado. Deviam ser portugueses, pelo sotaque. Um dos rapazes o cumprimentou, ao que ele acenou de volta.

— Queres comer conosco? — Perguntou gentilmente Maria, uma portuguesa bonita de sorriso largo.

— Vamos, venha e traga a rapariga ao seu lado. Fizemos muita comida. — Disse um dos rapazes, puxando duas cadeiras para os convidados.

Sentaram-se à mesa com os lusitanos. Eram três homens e duas mulheres. Um deles tinha notado a camisa da seleção brasileira que Kácio vestia naquela noite. Os portugueses têm muita simpatia pelos brasileiros.

Muito educados ao notarem que "O" não falava português, passaram a conversar em inglês. Na verdade é praxe utilizar-se a língua britânica, quando há mais de uma nacionalidade na roda.

— Meu nome é Gonçalves. — Apresentou-se, um rechonchudo mancebo de cara redonda. — Essa é Marta, Joaquim, o Miguel e Maria a sua frente. — Continuou o alegre lisbonense.

Em pouco tempo todos já se conheciam. Sabiam de onde vinham e pra onde iam. Eles eram estudantes de medicina. Estavam de recesso da universidade, em excursão rumo ao interior. Costumavam viajar juntos e praticar [1]*treking* pelas montanhas.

— Nós também estamos indo para Fort Wilian, Não para essas longas caminhadas, como vocês. — Comentou "O". — Vamos participar de uma reunião de viajantes, uma espécie de encontro de mochileiros. É um festival com música e etc...

— Ouvimos falar: Backpackers... Parece bem interessante, gente do mundo inteiro... — Disse Joaquim, um rapaz bonito, de olhos vivos. Marta, a garota risonha a seu lado, limitava-se a concordar com suas palavras. Os dois estavam de mãos dadas.

Kácio sentia-se atraído pela moça que estava do outro lado da mesa, à sua frente. Ela tinha um olhar atrevido, que não se abstinha de encará-lo. Maria era um tipo de mulher segura e decidida. Embora se mostrando religiosa com um crucifixo preso ao pescoço, sentia-se livre para flertar com o brasileiro.

[1]*Trilha, esporte no qual se faz longas caminhadas geralmente fora da cidade.*

— Estamos indo para Glen Neviss amanhã. Um pequeno vale com florestas de pinheiros entre as montanhas, próximo a Fort Wilian. — Disse ela. — Mas até que eu gostaria de ir com vocês, nunca vi nada parecido.

— Espero encontrá-la por lá. Quem sabe a gente não faz uma caminhada pelas montanhas? — Brincou Kácio com a rapariga. Ele parecia bem menos tímido que o normal. Talvez ainda sob o efeito da cerveja que tomara a tarde.

O tempo foi passando, já eram mais de onze da noite. Felizmente aquele albergue não tinha ordem de recolher como muitos outros. Todos foram se retirando para seus dormitórios. Ficaram apenas Kácio e Maria. Essa, que vinha retribuindo os olhares e sorrisos do brasileiro, convidou-o para uma volta pelo parque que ficava em frente. Ele aceitou. Ao sair tomou a mão da moça para caminhada.

Dharma saltou do ônibus e apertou o passo rumo ao albergue. Parecia tensa, balançava a cabeça de um lado para o outro enquanto resmungava algo.

Atravessando o parque, reconheceu num casal, aos beijos e amassos junto a uma árvore: seu primo. Quis passar despercebida, não queria incomodar.

— Dharma? — Era tarde, Kácio a tinha visto. — O que houve, você não parece bem!

Ela parecia nervosa, seus olhos vermelhos, davam a entender que estivera chorando. Ela tentou desconversar.

— Não foi nada não. Briguinha de namorado. Não vai me apresentar sua amiga?

Kácio apresentou-lhe Maria, porém, não se convenceu com o papo da prima.

— Você está tremendo! Conta-me o que aconteceu.

Ela acabou se abrindo. Claus bebera demais e se metera numa briga por causa de ciúmes. Foi o maior quebra-quebra no *pub*.

— Eu tentei separá-los, fui empurrada e cai batendo as costas na mesa. — Ela mostrou a camiseta rasgada por baixo do casaco. Havia um ferimento.

— Nossa! Esta sangrando! — Exclamou Maria, analisando o ferimento. — Vamos entrar, eu tenho um estojo de primeiros socorros na mochila.

Nisso, aparece Claus sujo e ofegante. Agarra Dharma bruscamente pelo braço para lhe falar. Está visivelmente embriagado.

— Desculpe minha pimentinha... Aquele bode escocês estava comendo-te com os olhos... Desculpe...

— Não quero falar agora! — Gritou Dharma, tentando tirar as mãos do ébrio, de cima de si. — Amanhã conversaremos.

— ...Você gostou do cara? Sua vadia... — O brutamontes sacudia-a pelos braços.

— Larga ela! — Kácio pulou nas costas do alemão.

Claus, extremamente forte, jogou Kácio no chão com uma agilidade inacreditável para seu estado de embriagues. Preparou para chutá-lo ali mesmo...

— Pare! — Dharma se interpôs aos dois. — Se você machucá-lo, nunca mais vai me ver, seu estúpido! — Ela gritou com uma raiva e autoridade, que fez com que o brigão parasse exatamente como estava: com o coturno no alto, apontado para a cabeça do rapaz caído ao chão.

Foi tanto o seu embaraço, que Claus saiu correndo pela calçada até sumir na escuridão.

Dharma e Maria ajudaram Kácio a levantar-se, entraram no albergue. Conversavam sobre o acontecido, enquanto Maria fazia um curativo nas costas de Dharma. Ela estava muito envergonhada com a cena do namorado.

— Obrigado Maria, o curativo parece ótimo! — Kácio agradeceu os cuidados com a prima.

— Espero "*pois*", estou a estudar por quatro anos para formar-me doutora! — Brincou a portuguesa.

Dharma despediu-se para ir dormir. Gostara da delicadeza de Maria, queria deixar o casal sozinho. Desculpou-se mais uma vez, por tê-los interrompido no parque. Depois da noite conturbada, queria apenas descansar e refletir sobre a continuidade ou não daquele relacionamento.

Passava das duas da manhã, Kácio e Maria, conversavam sem perceber o tempo passar. Falavam sobre suas vidas em seus países. O que gostavam, o que faziam... Era engraçado enumerar as diferenças nos costumes entre o Brasil e Portugal. Até mesmo a língua, embora a mesma, guardava distinções engraçadas e esdrúxulas como: chamar o "ônibus de caminhoneta ou a fila de bicha".

Entre um assunto e outro, faziam pausas num silêncio tão sonoro aos ouvidos de seus corações que os fazia enrubescer diante do óbvio desejo que se expressava naquelas palavras não ditas.

Ela não era uma "linda mulher", porém, algo na sutileza daqueles lábios delicados e os grandes olhos negros, cativara o rapaz. O cabelo curtíssimo dava-lhe um ar de praticidade da mulher moderna. Mas ao mesmo tempo deixava à mostra toda a sensualidade do gracioso e rosado pescoço que pedia para ser beijado. "Tudo o que queria, era fazer amor com aquela garota", pensava Kácio. Seu coração batia forte, ele suava embaixo da grossa camisa de flanela. "Mas como? Onde?" O albergue tinha apenas dormitórios coletivos, e separados para homens e mulheres em andares diferentes. Esse é um problema com aquele tipo de acomodação: embora baratos e práticos, os albergues não incluem "privacidade" no serviço.

Um funcionário apareceu na sala. Educadamente pediu que se retirassem, pois começaria a faxina naquele recinto. Era o que faltava. Olharam-se com um certo desgosto, pela manhã o grupo de Maria já teria partido rumo a sua excursão, estavam com uma perua alugada. Kácio nem fazia idéia quando partiria, se de ônibus ou trem. Embora fossem na mesma direção, seus objetivos eram diferentes. Possivelmente nunca mais se veriam.

O funcionário começou com seu trabalho. Os enamorados não tiveram outra alternativa se não irem para seus quartos depois de um último e apaixonado beijo.

Kácio estava deitado, tivera dificuldade em achar o seu beliche no enorme e escuro quarto. Não se ascendem as luzes depois das 22:00h para não incomodar quem já esteja dormindo. Identificou o número de sua cama com a ajuda da iluminação especial do relógio de pulso. Estava com a parte de cima do beliche de madeira. Muito bem construído, continha pequenas gavetas para os pertences. Embaixo um mal cheiroso colega, roncava como uma porca. Aliás, outras desvantagens dos albergues são: o ruído quase orquestral de roncos graves e agudos; os ressonados melódicos; e ainda os tossidos e pigarros dissonantes. Isso, numa visão bem humorada, de quem por ventura não tenha o sono muito leve. Aos felizardos, de audição pouco sensível, resta ainda o incômodo do odor exalado pelas dezenas de pares de botas, tênis e sapatos, espalhados por seus donos nem sempre limpos, desordenadamente pelo chão. A este, mistura-se ainda, um peculiar fedor úmido, que parece se originar das meias suadas e toalhas molhadas, estendidas para secarem sobre os aquecedores. Tudo ainda, num clima frio de outono que impossibilita a abertura das janelas!

Como um vaga-lume na noite, a luzinha de uma lanterna chamou a atenção de Kácio que já estava meio sonolento. Alguém mais parecia ter dificuldade em achar seu lugar para dormir. A luzinha veio aproximando-se e parou em frente ao beliche do rapaz. A luz ofuscava seus olhos, Kácio assustou-se ao perceber que a pessoa estava subindo para seu colchão. "Seria um bêbado ou maluco?"

Antes que pudesse dizer qualquer coisa, uma mãozinha cirurgicamente precisa, tapou sua boca. Ela beijou seu rosto e sussurrou no ouvido: "sou eu... Maria".

Sorte estar de boca fechada, pensou Kácio. Pois seu coração parecia querer saltar para fora. Num misto de medo de ser descoberto com um tesão incontrolável, ele ainda achava tempo para questionar-se como Maria o teria achado. Eram vários quartos e ela não tinha nem o número da cama. A não ser que alguém a tivesse informado... Dharma! É claro que a prima tinha um dedinho ali.

A Patrícia de Camões parecia uma cobra ao deslizar para dentro do cobertor do rapaz. Suas carícias deixaram o brasileriro perplexo mas bem excitado. Ele ficou bem surpreso com a desenvoltura da moça que realmente entendia de "anatomia".

Kácio parecia ter convulsões, contudo, fazia um enorme esforço para não fazer barulho. Acariciava os cabelos da garota, enquanto ela lhe beijava o corpo. Ali mesmo o casal consumou sua paixão. Às escondidas, com um sabor especial de proibido. Os gemidos misturam-se aos estridentes sons noturnos dos roncos no dormitório.

CAPÍTULO 6

[1]*So many places, so many people that I've seen on my way...*
But I was alone, even in the crowd...

Guilhermo ficou contente ao encontrar Fort Wilian tomado por mochileiros. Os hotéis e albergues estavam lotados. Até as B&Bs (*bed and breackfast*) hospedarias simples, muito comuns em todo Reino Unido, normalmente casas de família com quartos desocupados, que oferecem apenas cama e café da manhã, até estas, haviam retirado suas placas de: "há vagas."

Pelo visto, o evento já contava com uma boa adesão. Esse encontro, o Backpackers *Reunion*, era um velho sonho de alguns viajantes peregrinos como Guilhermo e seus amigos. Era também uma necessidade, tendo em vista o impacto que a crise econômica mundial vinha causando nas relações entre imigrantes, viajantes e os povos naturais de alguns países. Na verdade, trabalhadores estrangeiros estavam cada vez mais sofrendo todo

[1]*Tantos lugares, tantas pessoas que eu tenho visto no caminho…*
Mas eu estava só mesmo na multidão...

o tipo de discriminações, por serem-lhes atribuída a culpa do arrocho, do desemprego generalizado neste início de milênio.

O objetivo do Encontro era reunir um grande número de pessoas. Viajantes, imigrantes, mochileiros... Todos numa confraternização com troca de experiências. Havia ainda um lado político que Guilhermo insistia em incluir na programação, junto com o concerto de rock, a feira de arte e artesanato, e apresentações cênicas e circenses.

Ele era uma pessoa muito preocupada com o coletivo. Um artista com alma de político. Toda sua atenção, além do Encontro, estava voltada para os problemas de intolerância racial e étnica, pelos quais muitos imigrantes, simples viajantes, ou até alguns turistas estavam passando.

Guilhermo tinha planejado, uma espécie de debate, uma discussão sobre os atuais rumos da política de ultradireita orientada para discriminação racial e religiosa, com ideologias radicais. Tudo, pura xenofobia.

Os próprios europeus, já se incomodavam com os grupos ultranacionalistas que pregavam a deportação total dos estrangeiros. Algumas falanges, já praticavam sistematicamente atos de violência contra imigrantes africanos, árabes, sul-americanos, e até mesmo latino-europeus. Qualquer um "não-patrício", a ocupar uma vaga no mercado de trabalho, era considerado um inimigo em alguns países do norte mais rico, sendo ele europeu ou não. Claro que não era o sentimento de todo um povo. Porém, como sempre, apareciam uns poucos líderes carismáticos aproveitando-se da inquietação das massas, implantando ideologias patológicas. Na verdade, saciando sua fome de poder.

Isso atingia grande parte dos mochileiros que vinham ao encontro. A maioria era de viajantes com pouco dinheiro que costumavam buscar empregos e pequenos bicos para financiarem suas jornadas. Esses Backpackers eram estudantes, turistas econômicos ou simplesmente pessoas que se acostumaram com uma vida em constante movimento, que não fincavam raízes em nenhum lugar. Gente que se sentia como que cidadãos do mundo.

Guilhermo andava de um lado para o outro verificando detalhes na organização. Fora escolhido um parque fora da cidade, na base da montanha, o Ben Nevis. Um lugar lindo, plano e com uma maravilhosa vista. Uma grande equipe de voluntários trabalhavam nos pormenores, principalmente na instalação do som e no palco.

— Guilhermo! — Gritou uma moça da produção de cima da ponte sobre o rio que separa o parque da estrada. — O pessoal que você esperava está chegando.

Apressou-se para receber os convidados especiais. Eram personalidades ilustres, políticos e representantes de entidades importantes. Tinham sido convidados para participarem nas palestras e também, por estratégia de Guilhermo. Ele queria mostrar o movimento, a força que os viajantes representavam quando mobilizados. Atravessou a ponte e a estrada indo encontrá-los na frente do Albergue da Juventude Ben Nevis, a única hospedaria junto ao parque.

— Mr. Shoultz, Mr Backer, senador Roosevelt... Meu nome é Guilhermo Antonioni. — Apresentou-se enquanto conduzia as autoridades à recepção do albergue. Juntaram-se a outros senhores, na confortável sala de estar, onde aguardariam o início do evento.

Eram ativistas de partidos de esquerda, representantes de ONGs e outras entidades de direitos humanos. Guilhermo pôs-se a conversar com os oradores, colocando-os a par da programação e esclarecendo dúvidas.

— Senhor Antonioni, pode-nos dar uma idéia da quantidade de associados que podemos esperar. — Perguntou

Jack Backer, um conhecido parlamentar britânico.

— Bem... Mr. Backer, na verdade não se trata de uma associação, não temos controle formal dos números ou nomes...

— Há cidadãos americanos dentre eles? Eleitores? — Interrompeu Barney Roosevelt, senador americano.

— É possível senador, mas fica um pouco difícil ter controle dessas informações, tendo em vista que nos referimos a pessoas vindas de diversos países e até continentes. — Guilhermo sentia-se desconfortável com a sabatina. — Precisamos da experiência dos senhores na nossa organização, pois...

— Ora meu caro Barney... Os que forem de sua região, decerto lhe serão fiéis nas urnas. Se for isso que lhe preocupa! — Disse Van, que acabara de entrar na sala. Um tanto quanto irônico, mas com a intimidade de quem era chegado ao senador. — Aos que não me conhecem ainda: Ivan Amundsen, artista andarilho. Apenas Van para os amigos... — Disse fazendo um gesto de reverência.

— Como vai você, seu cigano! — Alegrou-se o gorducho senador ao ver o velho amigo.

Outros dois respeitáveis senhores cumprimentaram o recém chegado. Isso surpreendeu Guilhermo. Ele não sabia das boas relações de seu companheiro. Ficou aliviado vendo que o teor da conversa modificara-se com a súbita aparição.

— Então é isso senhores: precisamos mais do que tudo, conscientizar esses jovens da importância de trabalhar-se por um mundo sem barreiras, onde se possa ir e vir sem impedimentos ou limitações. Onde nem um estrangeiro sofra humilhações ou seja impedido de ganhar o seu sustento. Afinal, quem não é um forasteiro de passagem nesse velho mundo?

Guilhermo ficou entusiasmado com a força nas palavras do amigo. Não tinha conhecido aquele lado comunicativo do seu professor de pintura, até então. Pensou até em encaixá-lo na programação para uma pequena palestra.

A conversa estendeu-se até o almoço. Van tinha uma fluência verbal invejável. Era dinamarquês, contudo, discursava em inglês com a mesma maestria que em sua língua natal. Poderia ainda, falar com a mesma desenvoltura em francês, alemão ou italiano. De fato, sua condição de poliglota, dava-lhe uma indescritível clareza de pensamento ao expressar-se, que tornava seu fraseado rico e ao mesmo tempo objetivo. Sempre achava as melhores palavras para cada assunto a ser dissertado. Contudo, normalmente, era na maioria das vezes, reservado e pensativo.

A vida, o sofrimento, tinham tornado aquele homem de ascendência aristocrática e sangue cigano, distante e observador. Às vezes parecia até indiferente ao que acontecia no mundo. Tinha uma vida simples, embora tivesse dinheiro e propriedades na sua terra. Passava alguns meses do ano em sua casa de campo próximo a Copenhague na Dinamarca, onde trabalhava pintando quadros para exposição. Fazia apenas uma por ano, que era aguardada com ansiedade pelos colecionadores. Porém nunca comparecia às *vernissages*. Preferia manter-se longe das multidões. No passado chegou a gostar da fama, mas agora, preferia o anonimato das estações de trens e praças de artistas pelo mundo afora, onde fazia retratos em troca dos poucos trocados. Passava o resto do ano viajando. Sempre em movimento, de uma cidade a outra, de um país a outro e em todos os continentes.

Em suas andanças, Van fizera amigos por todos os cantos da terra. Tinha alunos e seguidores, a quem ensinava suas técnicas de pintura, principalmente os retratos, sua especialidade. Porém, para seus amigos e alunos era apenas um artista andarilho, envolto numa aura de mistério, que ele mesmo fazia questão de manter. Não falava muito de si para ninguém.

O encontro de mochileiros, na verdade era uma antiga idéia de Van. Ele nunca a tinha colocado em prática e não se realizaria se não tivesse surgido Guilhermo, com sua energia e idealismo. O rapaz era o seu melhor aluno. Van o admirava. Via nele, muito de si mesmo, de outras épocas quando era ainda jovem, cheio de sonhos e esperanças. "Já fizera bastante pelos outros", pensava . Sua juventude tinha sido conturbada e traumática. Participara de levantes estudantis, manifestações contra as guerras, por liberdade e paz. Já tinha sido preso, torturado e deportado.

Os anos sessenta e setenta tinham sido muito movimentados para ele. Muita coisa mudara desde então. O Vietnan era agora apenas uma lembrança. Uma coisa o entristecia: todo o esforço de sua geração por um mundo melhor fora insuficiente para que ocorressem as mudanças que ele desejava. O mundo se tornara o paraíso do capital. Onde o dinheiro valia mais que as pessoas. Os ricos cada vez mais ricos, os pobres... Cada vez mais miseráveis. Era assim com as pessoas e era assim com os países.

Cada vez mais pessoas nas estradas, viajando. Porém, não por prazer ou por amor a liberdade como Van e tantos outros backpackers. Outro sim, em busca de trabalho, comida, uma vida melhor. Imigrantes iam do campo para as cidades, das cidades para as capitais, dos países mais pobres para os mais ricos. No entanto, nem sempre encontravam o que estavam procurando. E mesmo quando conseguiam se firmar, muitas vezes se viam pressionados e até prejudicados pelos nativos acomodados e invejosos, ou apenas inseguros pelo futuro.

Uma onda de violência se alastrava pela Europa, dirigida aos estrangeiros. O ódio se misturava ao preconceito racial e religioso, tomando força na recessão econômica. Principalmente na Alemanha recém unificada, que cheia de problemas, dava margem a uma filosofia neonazista, pregando um nacionalismo destorcido e buscando bodes expiatórios nos trabalhadores imigrantes.

Esse quadro sombrio deixava Van desanimado com a atual geração. Conhecia jovens inteligentes que infelizmente voltavam sua genialidade para bobagens e futilidades, quando não para delinqüência. Mas Guilhermo lhe inspirava. Por isso o apoiou desde o principio na idealização do *Backpackers Reunion*. Via nesse evento, uma semente de tolerância e fraternidade, que poderia influenciar aquela geração apática e inconseqüente. Não obstante, uma coisa era certa em sua cabeça: não se envolveria diretamente no evento. Sentia-se já cansado para essas coisas. Estava completando seu qüinquagésimo aniversário, " a idade da calmaria" dizia.

— Agora se me dão licença cavalheiros... — Disse ele levantando-se para sair. — O dia está bonito para uma caminhada pelo vale.

— Fique conosco, sua conversa os impressionou. — Pediu Guilhermo em separado. — Eu não tenho jeito para isso.

— Ora meu rapaz, a necessidade é o melhor professor. Relaxe e converse com eles. Principalmente ouça-os. É o que eles mais gostam. Já estão bastante motivados, o público está chegando e eles adoram um comício. Mas saiba: "nem sempre o público quer ouvir o que precisa ouvir".— Van despediu-se do pupilo, saindo com uma pequena maleta de materiais artísticos, presa às costas, e um pequeno cajado para a caminhada.

Os quatro companheiros chegaram no último ônibus da manhã em Fort Wilian. Haviam procurado Claus pelas ruas de Edimburgo por horas, até que "O" o achou embrulhado em papelões num beco sujo próximo a Bruntsfield.

Por Dharma, teriam partido cedo, deixando o fanfarrão curtindo a ressaca. Porém, como sempre, "O" intercedera em seu favor. "Ele não fez por mal...", não cansava de defender o namorado da amiga.

Perambularam pela cidade, que não era lá muito grande: Um punhado de ruas espremidas entre o lago à frente e as montanhas ao fundo. Procuravam acomodações. Mais nada: albergues, hotéis e B&Bs — todos lotados. "Um bom sinal", pensaram, "vai ter muita gente no encontro". Resolveram ir direto para Ben Nevis; poderiam tentar o albergue da juventude que ficava em frente do centro de visitantes. Como a maioria dos albergues dessa rede, ele ficava próximo da principal atração turística da região. Ben Nevis, considerada a montanha mais alta das ilhas britânicas, tem um belo vale: *Glen*, como eles chamam aquelas estreitas faixas de terra entre as montanhas. Glen Nevis possuía uma linda floresta de pinheiros, cachoeiras e um gélido riacho serpenteando vale abaixo.

— Você está tão calado Kácio... — Dharma puxou assunto com o primo pensativo.

— É? Cê acha? — Respondeu meio absorto nas suas lembranças da noite anterior. — É que eu to me sentindo tão bem hoje!

— Imagino... Talvez se sinta meio leve... Como quando se está alto pelo vinho... — Havia uma certa malícia no que Dharma insinuava. — ... Como se você tivesse sorvido uma bela taça de Vinho do Porto...

— Como? Vinho do Porto? — A ficha não caia na cabeça do primo.

— Falo da portuguesinha seu tonto! Eu passei o número do seu beliche para a doutora. E então? Ela foi ou não foi te fazer "aquela consulta?"

— Bem... Tem coisas que não se comenta! Eu sou um cavalheiro...

— Sem essa seu sedutor de rapariguinhas! Quero saber de tudo e com detalhes...

Divertiam-se os primos, enquanto caminhavam para fora da cidade, rumo a Ben Nevis. Kácio era literalmente uma ovelha negra naquele rebanho de mochileiros. O único carregando uma "elegante" e pesada mala branca. "O" teve a feliz idéia de fazer umas alças com os três cintos de couro que o brasileiro trazia, para prender a mala às suas costas. Os cintos eram para combinar com as diversas calças, camisas e ainda, dois pares de sapados, além do tênis que usava. Digamos que ficou uma mochila um tanto esquisita, parecendo àquelas dos astronautas. "Não diga que é meu parente" brincou Dharma.

No caminho, juntaram-se a outros andarilhos que percorriam os quarenta minutos do percurso cantando e conversando animadamente. Conforme se aproximavam, a fila de caminhantes ia engrossando. Um pouco atrás vinham "O" e Claus conversando e observando o casal de primos à sua frente. "O" tentava confortar o companheiro desanimado e arrependido pela cena da noite passada. Ela o aconselhava para ser mais paciente e carinhoso com Dharma, pois a amiga andava muito insatisfeita com a relação. Mas Claus parecia pouco dar ouvidos. Sua atenção era para os dois à sua frente. Seu olhar preocupado revelava o ciúme da namorada com o primo. Não conseguia sentir-se à vontade, presenciando a intimidade dos dois. "Esses homenzinhos latinos invadem nossas cidades e afastam nossas mulheres..." Remoia em seu interior tais pensamentos rancorosos.

Passaram pelo albergue na beira da estrada. Não tinha vagas. Cruzaram a estreita ponte de madeira sobre o rio e entraram no parque. O parque era uma área arborizada com pequenas trilhas, bancos e mesas para piqueniques. Continha o centro de visitantes Ben Nevis. Estava localizado aos pés da montanha, numa linda região, ao lado de pequenas fazendas de gado. Diga-se de passagem, um tipo de gado muito engraçado: marrons, de chifres enormes e um pelo tão longo, que era difícil para um forasteiro dizer que tal coisa peluda tratava-se de um boi!

Circularam pelo lugar, observando as pessoas que vinham chegando. Não estavam preocupados com acomodações, seria fácil encontrar algum amigo que lhes desse uma boa dica sobre onde ficariam ou poderiam tentar pernoitar no centro de visitantes.

Artesões expunham seus trabalhos ao longo do caminho. Mímicos e performáticos faziam rir e impressionavam com suas façanhas. Alguns músicos arrancavam acordes de seus instrumentos e relembravam antigos refrãos, junto aos transeuntes. À frente do palco, uma pequena multidão formava-se para ver o ensaio das bandas desconhecidas que iriam tocar logo mais. Corria o boato que o U2 viria para uma apresentação surpresa; Pouco provável, mas não era importante, aquela animação, sim. Gente chegando e chegando, como nos antigos festivais de rock ao ar livre.

Sentaram-se na grama bem juntos, para afastar o frio que parecia ignorar o raro sol de outono brilhando no atípico céu azul.

— Deixa-me esquentá-la minha pimentinha. — Sussurrou Claus, ao sentar-se por trás de Dharma, envolvendo-a com seus longos braços.

— Não obrigada. — Dharma disse, afastando-se do namorado e achegando-se ao primo, que a acolheu prontamente. Claus rangeu os dentes de ódio, sua vontade era partir Kácio ao meio.

— Dá um tempinho Claus, quando ela esquecer o que você aprontou, talvez fique tudo bem. — Tentava tranqüilizá-lo a amiga "O", que acompanhava cada movimento do alemão.

Realmente a atenção que ela dava para o "amigo", parecia exagerada às vezes. Era uma pessoa muito meiga e educada. Porém, havia um certo carinho em seu olhar, que mesmo Claus, um tipo durão, quase grosseiro, percebia e desconfiava que poderia ser algo mais que simples amizade.

Ocorreu-lhe então a idéia: "talvez Dharma pudesse sentir ciúmes da amiga e largar o primo de lado". Começou a retribuir o afeto da escocesa de uma forma diferente e insinuante.

Abraços e beijinhos foram-se repetindo, a garota ficou encabulada. De repente o namorado da melhor amiga, voltara-se para ela, demonstrando uma paixão desinibida, mesmo com Dharma a poucos metros. Era uma situação desconfortável, mas ao mesmo tempo, a realização de um desejo reprimido, que ela escondia em seu coração. Nunca revelou seus sentimentos em respeito à amizade com Dharma. Porém, agora era diferente, ela sabia que a amiga não gostava mais do namorado. Foi deixando-se envolver pelo jogo de sedução.

Uma banda irlandesa mandava um rock muito bom, de raízes folclóricas, com uma batida pesada, moderna. O toque regionalista da gaita de fole, mesclado as guitarras com a bateria forte de fundo, levantou a galera. Em seguida uns rapazes londrinos passaram o som com um ritmo eletrônico bem contagiante, fazendo a platéia dançar.

Estavam todos de pé, dançando e aplaudindo. Claus aproveitou para insinuar-se numa dança muito sensual, esfregando-se em "O" e olhando para Dharma. Ele nem imaginava, mas a brasileira não reagiria da forma que esperava. Ela observava com discrição. Na verdade sentia-se aliviada, aquilo só serviu para confirmar o que ela sentia por ele, ou seja: nada.

Uma coisa a incomodava: era bem claro que ele pegara "O" para fazer-lhe ciúmes. Já desconfiava dos sentimentos da amiga, embora nunca tivesse conversado a respeito. Temia pelo seu frágil coração, decerto, ela é que iria sofrer mais, com tudo isso. Decidiu dar uma volta sozinha pelas redondezas..., precisava refletir.

Van caminhou por uma hora rio acima. Gostava do contato com aquela natureza sonoramente silenciosa. Os sons do vento a varrer a folhagem caída das árvores e o burburinho das águas esbarrando na fina camada de gelo que se formara nas margens do riacho.

Retornando pelo mesmo caminho, parou num recanto depois da curva do rio. De lá a vista do parque apinhado de gente, lhe pareceu perfeito. A luz não era tão forte como gostaria, porém, poderia exagerar um pouco nos contrastes, sem perder aquela magnífica e ao mesmo tempo melancólica atmosfera outonal.

Ele subiu para uma pequena formação rochosa, sentou-se, abriu seu bloco de Canson, escolheu alguns pastéis, e, com a maleta como prancheta, pôs-se a esboçar despreocupadamente enquanto sua mente vagava solta em lembranças e reflexões. Naquele dia, completava cinqüenta anos. Imaginava estar completando os dois primeiros terços da sua vida. Com sorte, disciplina na alimentação e exercícios, teria saúde para chegar aos setenta e cinco. "Mas para que? Para quem?" Filosofava em pensamentos. Sempre nessa data, seu aniversário, ficava melancólico, gostava de repassar a vida, refletir.

Perguntava-se o que ainda não fizera, onde não tinha ido ainda. Sempre sobrava um vazio, um sentimento de solidão invadia sua alma. De tudo, pensava já ter feito. Conhecera o melhor de cada continente, visitara ilhas que nem constam dos mapas. Sua vida era uma sucessão de partidas e chegadas, despedidas e reencontros. Tinha amigos de todas as nacionalidades e costumava visitá-los uma vez ou outra. Sabia que era um dos poucos felizardos no mundo, que fazia só o que gostava e quando queria. Tivera até ali, uma vida rica em experiências. Isso o tornara um adulto realizado. Um peregrino curioso que escolheu o "mundo" como filosofia de vida.

O sentimento de vazio persistia. Lembrou de uma passagem bíblica...Não que fosse religioso, mas era erudito. Lera do Bagavad Gita ao Alcorão, de Hamlet aos Lusíadas. Alguns fragmentos da epístola de Paulo aos Coríntios vinham a sua mente: "Ainda que eu falasse as línguas dos homens e dos anjos... Conhecesse todos os mistérios e toda a ciência... Se não tivesse o amor, nada seria".

Uma estrada, em toda a sua vida de andarilho, jamais tinha trilhado. Jamais tinha viajado ao coração de alguém. A paixão era um continente distante, o bem-querer: uma língua desconhecida.

Nesse mesmo momento, quando deixava escapar um suspiro, com sua atenção voltada para seus sentimentos mais escondidos de solidão: o giz, vermelho-carmim que usava no momento, escorregou da mão deixando um leve riscado sobre a linda paisagem que já tomava forma no papel. Ao tentar consertar a pequena imperfeição, conferindo com a paisagem original a sua frente, não pode deixar de notar a repentina presença de alguém, que subia pela margem do rio em sua direção. Por coincidência, aquela moça estava passando exatamente onde, na pintura, o risco apontara. Lembrou de um velha amiga mística, que lhe dissera uma vez: "Coincidências são como estradas que se cruzam; elas têm origens e destinos independentes da nossa ignorância".

Dharma estava um pouco atormentada, quando começou a caminhar. Contudo, a paz do pequeno bosque nas margens do riacho, acalmara suas idéias. Perguntava-se porque não tinha rompido com Claus há mais tempo. Teria sido melhor para todos, principalmente para sua amiga. Imaginava que não fora fácil para a escocesa, refrear sua paixão todos esses meses. "Ele era divertido!" Lembrou, tiveram bons momentos. Mas no final ela já não conseguia olhar para o seu rosto com nem um carinho. "Ele pisou na bola demais!"

"Espero que "O" fique legal". Pensou com ternura naquela que pelos últimos dois anos, vinha sendo sua companheira fiel em todas as suas aventuras.

Sentia-se bem melhor, até estranhou a tranqüilidade em seus pensamentos. "Nada como uma boa caminhada para clarear as idéias". Falou para si mesma ao dar meia volta para retornar.

Ao virar-se, percebeu um homem observando-a. Ele estava sobre uma rocha, no alto de uma colina. Sentado ali com os pés suspensos: era uma figura por demais curiosa. Quis dar uma olhadinha mais de perto.

Conforme se aproximava, Dharma ficava mais interessada em ver o que fazia o homem. Contornando a pequena elevação, pode então observar que se tratava de um artista a pintar a paisagem do vale abaixo.

Resolveu aproximar-se. Afinal, eram colegas. Teve todo o cuidado de ser silenciosa, sabia dar valor a um momento de inspiração, não queria perturbá-lo. Porém, algo mais forte que a curiosidade empurrava-a àquele homem.

Tinha cabelos longos, cobrindo parte dos ombros. Um tanto grisalhos: sugeriam-lhe meia idade. O corpo, no entanto, no interior do traje básico: jeans e camiseta branca, mostrava uma linha esbelta e elegante.

De sua posição, Dharma não conseguia ver o rosto, não obstante, o pequeno desenho em que trabalhava era de uma luminosidade poética. As cores, os traços leves, quase imperceptíveis, eram de uma sutileza profissional. Teve certeza de estar diante de um grande artista, "na verdade, atrás". Decidira não causar nem um distúrbio, nem mesmo cumprimentá-lo, até que ele tomasse a iniciativa.

Passaram-se minutos sem uma palavra. Dharma satisfazia-se em apenas observar, "poderia aprender algo" pensou. Van, compenetrado no desenho, mostrava uma habilidade maestral. Seus gestos eram firmes e seguros, seus traços delicados.

Acompanhara a aproximação da espectadora sem se desviar de seu objetivo. Apreciara o respeito dela por seu trabalho. Por consideração a arte e a ela, não parou de desenhar. Mas sentia sua presença absorvendo-a em suas reflexões.

Estavam agora tão próximos, que ele conseguia sentir o suave perfume que vinha da admiradora de sua arte. Dharma por sua vez, observava a pele arrepiada pelo frio nos braços dele. Notou um grosso suéter de lã, pendurado num arbusto ao lado. Presumiu que lhe incomodava os movimentos nos braços.

Num gesto natural, quase sem pensar, apanhou o suéter, colocando suavemente sobre as costas do pintor. Este, como reflexo, pousou a mão tingida pelos pigmentos do pastel, sobre a bondosa mãozinha que ajeitava a blusa sobre seu ombro.

— É você? — Perguntou Van, misturando seus pensamentos solitários àquele momento, que parecia ter parado no tempo.

Dharma sentia a mesma sensação atemporal, aquela voz soou-lhe tão familiar... Uma sensação de d'javou invadiu-lhe o pensamento. Seu coração disparou. Aquele instante virou uma eternidade... Era como se toda a sua vida até então fosse apenas uma preparação para aquele momento que não terminava. Um sentia o calor da mão do outro, percorrendo-lhe o corpo. Uma energia envolveu-os naquele segundo, como um reencontro com alguém que nunca nos deixou. Mas de repente:

— Dharma, precisamos conversar. — Falou Claus, pegando-a pelo braço. Tinha acabado de chegar sem ser percebido. A moça virou-se para o "ex-namorado", meio desconcertada. Sofrera um pequeno choque com aquele corte brusco.

— Claus o que você quer? — Falou rispidamente num sussurro cuidadoso enquanto puxava o inconveniente para conversar afastado.

— Dharma, eu resolvi mudar. Sei que tenho aprontado com você... Desculpa-me! — Dizia Claus, segurando Dharma pelos braços.

— Não quero falar nisso agora! Vai embora, depois conversaremos.

— Por favor, minha pimentinha... Eu te amo! — Disse tentando beijá-la. Ela o empurrou com força.

— Já disse agora não é a hora nem o lugar para isso!

Ficaram discutindo por alguns instantes, Claus era teimoso, insistia na reconciliação.

— Se quer mesmo uma resposta: é não! Não te perdôo, não te amo e nem quero mais te ver!

O rapaz finalmente caiu em si; baixou a cabeça e retirou-se sem dizer mais nada. Ela ficou por um instante pensando... "Será que agi certo?" Mesmo não mais gostando do rapaz, temeu que o tivesse magoado.

Dharma voltou-se para o senhor misterioso, porém, para seu desânimo, ele não estava mais lá. Partira silenciosamente, talvez, por consideração ao que interpretou como uma discussão particular entre namorados.

Ela olhou em volta, abaixo no rio, e nada. Ficou aborrecida e muito zangada com a intromissão de Claus. "O rosto!" Pensou, "não pude ver seu rosto!" Um sentimento angustiante tomou-lhe o coração, tinha vivenciado aquele estranho momento, primeiro nas visões, nos sonhos acordados. Depois, agora na realidade a cena se repetia. Era como se Claus a tivesse separado de seu amado, antes que ela o conhecesse. Agora estava ali só. Não sabia seu nome, era incapaz de reconhecê-lo se por uma enorme coincidência encontrasse-o face-a-face.

Numa última olhada, onde ele estivera sentado, ela avistou o papel do desenho escorado por uma pedra. Pegou-o com cuidado para não manchá-lo. Já trabalhara com pastel seco antes, sabia que aquele tipo de giz precisava de fixador.

A paisagem estava lindamente retratada. Ela admirava o trabalho com um carinho especial, não sabia bem porquê. Um frio subiu-lhe a espinha ao se reconhecer no desenho, pintada na trilha junto ao rio, no canto esquerdo da folha de papel. Só podia ser ela, as roupas... O cabelo colorido... Isso queria dizer que ele a observara também. Sentiu-se melhor. Não conseguiu entender o risco vermelho que apontava para ela na pintura. Destoava esteticamente do conjunto, falou seu lado crítico.

Ficou feliz ao ver que ele tinha assinado o trabalho: VAN, "apenas Van? Seria Evandro ou Vandik?" Ficou ainda mais intrigada com umas anotações abaixo da assinatura: "Coincidências são como duas estradas que se cruzam..."

Kácio estava ficando preocupado com a demora da prima, principalmente depois da saída de Claus.

— Acha que eles estão brigando de novo?

— Talvez, mas não se preocupe, Dharma sabe defender-se. — Respondeu "O" enquanto se balançava ao som do rock que corria solto no palco.

A escocesa não queria demonstrar. Contudo, o casal não saia de sua cabeça. Sentia pela primeira vez que Claus poderia ser seu. Cobiçara aquele homem em segredo por muito tempo. Não poderia trair a amiga, mas agora era diferente, Dharma parecia desinteressada numa reconciliação, talvez agora...

— Deveríamos procurá-los! — Insistiu Kácio.

— Ok, mais uns quinze minutos, se não voltarem, vamos procurar por eles.

A multidão ia crescendo, a solenidade de abertura do evento começaria em pouco tempo. Kácio olhava as pessoas chegando de um lado e outro, procurando avistar o rosto da prima em meio à aglomeração.

Um grupo diferente com seus equipamentos de trilha, roupas esportivas, cantis e botas especiais, chamou-lhe a atenção. Eram os portugueses! Foi fácil reconhecê-los, com aquela roupa colorida e colada no corpo. Gonçalves vinha na frente, estava muito engraçado com aquela bermuda de lycra. Sua figura destacava-se na multidão devido aos seus fartos cem quilos de "pura felicidade" como ele mesmo dizia.

Mas não foi o Gonçalves que fez o coração do brasileiro bater mais depressa. Foi sim, a pequena e atlética Maria, que vinha logo em seguida olhando para todo lado, "talvez em minha procura!" Pensou Kácio.

Em segundos, os dois já estavam atracados, num beijo de cinema. "O" e os portugueses cumprimentaram-se achando graça do *love* dos dois amigos em comum.

— O que aconteceu? Pensei que não os veria por aqui. — Disse Kácio, ainda agarrado a moça.

— Pois é, o clima está bom, resolvemos subir o Ben Nevis amanhã. — Respondeu Maria.

— Ficamos curiosos com o grande movimento para esse lado do vale. — Completou Gonçalves. — E a Maria, digamos: expressou um "persuasivo" interesse por esse "Encontro".

Maria ficou um pouco corada com a ironia do amigo, era evidente que ela tinha insistido para reencontrar Kácio. O grupo pôs-se a conversar animadamente. "O" pediu licença, ia dar uma volta a procura de Dharma.

— Vamos com você. — Disse Kácio de mãos dadas com Maria.

— Não, é melhor que fiquem, caso ela volte por aqui.

"O" andou por alguns instantes, até esbarrar com Dharma em meio à multidão. As duas resolveram por a conversa em dia. "O" queria pedir desculpas pelo comportamento de Claus e ao mesmo tempo por seu consentimento na cena de ciúmes. Confessou seus sentimentos.

— Você não teve culpa minha amiga! Eu vi tudo e não me importo. Eu não o quero mais, você sabe disso. Podia ter se aberto comigo há mais tempo, quem sabe, teríamos dividido o garanhão! — Brincou Dharma tentando reanimar a amiga meio sem jeito. — Espero que você tenha mais sorte com ele, nosso relacionamento foi legal no começo, depois entrou num beco sem saída. O Claus é ótimo, mas é muito cabeça dura. Você o conhece.

Enquanto retornavam, Dharma contou-lhe do artista no rio. Da experiência transcendental que vivenciara e o repentino e frustrante desfecho.

Passava das 15:00h, Guilhermo, no palco, falava ao microfone. "Nunca tive jeito para essas coisas" pensava naquele momento com toda a platéia à sua frente.

— Amigos viajantes, andarilhos, ciganos e turistas... Sejam bem vindos ao primeiro encontro de *Backpackers.* — Continuou seu pequeno discurso, desculpando-se pela simples e até precária estrutura do evento. Falou um pouco sobre si mesmo: Um jovem artista italiano que amava viajar e, sobretudo, conhecer pessoas.

— Essa é uma oportunidade de trocar experiências, rever velhos amigos e confraternizar com nossos semelhantes! — Ele ainda ressaltou a importância de se organizarem como uma instituição. As facilidades que poderiam resultar disso, bem como os problemas que poderiam ser resolvidos se eles unissem suas forças.

— Agradeço a atenção e gostaria de apresentar o Senador Barney Roosevelt dos Estados Unidos. Em visita de férias ao Reino Unido, teve a extrema boa vontade de prestigiar-nos com sua presença. — O político entrou sob uma minguada salva de palmas. Começou seu discurso para aquela platéia pouco receptiva e ansiosa pelo show que aconteceria depois das palestras.

Conforme o discurso ia se alongando, o público ficava mais impaciente. Os sons das conversas e risos na platéia aumentavam de intensidade a cada orador. "O que há com essa gente?" Pensava Guilhermo, um tanto apreensivo. O que se falava ali, eram coisas importantes, que influenciavam a todos e em toda parte. Coisas como a introdução do Euro, a moeda única para as economias européias e sua repercussão para os viajantes. Falava-se também do meio ambiente, da importância de se ter uma visão global dos problemas ambientais e ainda de problemas com vistos de trabalho que eram dificultados pela maioria dos países. Havia ainda, a intransigência das nações ricas, não permitindo a entrada de viajantes, principalmente os de origem no "terceiro mundo", pejorativamente assim chamado.

Muitos ouviam, poucos escutavam. Guilhermo estava descobrindo o quanto era difícil vencer a inércia das massas. Sua intenção, ao trazer os palestrantes, era mobilizar as pessoas, conscientizá-las das mudanças que o mundo estava enfrentando e o quanto aquilo iria influenciar nas suas vidas, suas viagens.

Guilhermo começou ficar inseguro e desanimado. Olhou para Van, que se encontrava tranqüilamente sentado num canto dos bastidores. Este apenas sorriu, como que indiferente ao que ocorria e continuou rabiscando alguma coisa no seu bloquinho.

Um conhecido ativista político, Sebastian Schoultz, representante de uma ONG berlinense e candidato ao parlamento alemão nas eleições próximas, conseguia alguma atenção ao tratar dos direitos humanos. Falava dos problemas que os viajantes, turistas ou imigrantes, estavam enfrentando com os movimentos de extrema direita, que pregavam a intolerância étnica e racial.

— Tais movimentos vêm alastrando-se pelo norte da Europa chegando até a França e a Itália. — Dizia em um tom bastante sério. — Estão disseminando sua ideologia fascista em partidos políticos, movimentos nacionalistas, clubes privados e até em escolas. Suas ações são na maioria das vezes, violentas e covardes. As manchetes nos jornais são de maus tratos a estrangeiros. Ataques e vandalismo dirigidos a inocentes imigrantes ou trabalhadores viajantes como muitos de vocês.

De fato, esse era um problema que afetava a muita gente diretamente. Nesses tempos difíceis de desemprego, recessão, carestia e pouca solidariedade, crescia a revolta e o desespero. A Alemanha era um exemplo: com a queda do muro de Berlim e a reunificação em 1990, vinham crescendo assustadoramente as atividades neonazistas. As pessoas buscavam alguém para levar a culpa, pela "crise de mudança", como era conhecida, aquela fase ruim na economia. As mesmas idiotices de outrora, como a "supremacia branca" e outras asneiras, eram frases que já se ouviam pelas ruas, ou se viam pichadas em muros, ao lado de suásticas e caveiras.

— Estamos em tempos de mudança, fatores sociais e principalmente econômicos, têm contribuído no surgimento desses grupos radicais e retrógrados. — Continuava Schoultz emocionado. — Grupos como os da DNSP e ACAB na Dinamarca, que expressam seu ódio e intolerância livremente em rádios e panfletos, com o aval das leis daquele país. Será que as autoridades não vêem que até para a liberdade de expressão deve haver um limite?

Há ainda, correntes mais bestiais e inconseqüentes, como os *Skinheads*, que crescem nos [1]*undergrunds* da sociedade, formados por adolescentes ociosos e adultos doentios. Eles vêm pouco a pouco, tomando força e se organizando. Planejando ações terroristas contra pessoas que por infelicidade, tenham a pele, o idioma ou a religião diferentes das deles. Se é que essa corja de arruaceiros brigões, seguem alguma religião. — Nesse ponto o palestrante demonstrava total indignação.

Terminou pedindo a conscientização de todos para que assumissem um papel ativo na preservação dos direitos humanos em seus países. Para que garantissem seu próprio direito de ir e vir em suas jornadas pelo mundo. Felizmente não pediu votos, como seus antecessores políticos.

O público aplaudiu um pouco mais empolgado, mas, nada que demonstrasse algum engajamento mais sério. Isso irritou

[1]*Subterraneos. Lugares obscuros da sociedade.*

Guilhermo. Ele esperava uma resposta madura e participativa de seus companheiros de estrada.

O próprio Guilhermo era imaturo em sua expectativa. Pensou Van, observando a expressão de insatisfação no rosto do pupilo. Van já estava acostumado com a resposta lenta e aparentemente desinteressada das platéias nesses tipos de eventos. Sabia que poderia demorar ainda uma geração, para aparecerem os primeiros resultados. Porém, sabia também que sempre vingavam algumas sementes. Se o mundo é hoje o que é, mesmo não sendo um paraíso, deve o pouco de liberdade e paz que desfruta, a algumas sementes que idealistas sonhadores um dia plantaram nas cabeças nem sempre férteis do povo.

Jack Backer, o *lord* inglês, não estava tendo a mesma recepção. Seu discurso sobre economia global soava um tanto falso e superficial. Alguns gritos na platéia pediam música. Outros, exaltados vaiavam e pediam que deixasse o palco. O político irritado, já pedira duas vezes por silêncio. Contudo, a massa não se interessava. Ele olhou para Guilhermo no canto do palco, como que esperando alguma providência, mas o italiano não sabia o que fazer.

O palestrante, frustrado e nervoso, saiu de repente do palco. Guilhermo surpreendeu-se, entrou no palco sem saber o que ia dizer. Os músicos não estavam prontos, Backer tinha deixado um furo em sua programação. Pigarreava repetidamente ao microfone olhando para os lados e para a prancheta da programação. Ocorreu-lhe um nome.

— Caros estradeiros, recebam agora, um velho conhecido de muitos de vocês. Um experiente mochileiro, que já rodou o mundo mais de uma vez. Um mestre na vida e na arte. Chamo ao palco nesse momento: Mr. Ivan Amundsen, mais conhecido como Van.

O artista que estava tranqüilamente sentado sobre uma caixa, na lateral esquerda do palco, deixou cair o lápis e o bloquinho de desenho que estavam em suas mãos. Saltou para o lado da caixa balançando a cabeça freneticamente, numa negativa ao convite de Guilhermo. Este, repetiu o chamado, olhando para o amigo assustado no bastidor. Gesticulou com a mão para que ele tomasse lugar à frente do microfone. Van respondeu num silencioso e expressivo "não", daqueles que a gente lê nos lábios com facilidade.

Agora era tarde, para o espanto de Guilhermo e mesmo de Van, um pequeno coro levantava-se da platéia dizendo seu nome. Parecia que alguns ainda lembravam de outros tempos, quando Van abraçava qualquer causa que acreditasse: contra guerras, ditadores ou a favor da liberdade e da paz. O coro, formado é claro, pela velha guarda, ex-hippies e bichos-grilos, engrossou junto à galera mais nova, que queria conhecer o tal Amundsen.

Ele viu-se sem saída, há anos não se dirigia às multidões. Porém, era impossível virar as costas para Guilhermo ou aquelas pessoas que gritavam seu nome.

Entrou no palco à contra gosto, encarando Guilhermo com a testa franzida e ainda balançando a cabeça, numa inútil negativa. Arrumou o microfone olhando o público, como que procurando algum rosto na multidão. As pessoas, silenciosas, aguardavam com atenção suas palavras. Os que o conheciam, por saberem de sua eloqüência, da força de seu discurso. E os que não o conheciam, por curiosidade, ficaram na expectativa com a reação dos primeiros. Depois de um prolongado silêncio, Van levantou a cabeça e pegou no microfone:

— Alguém tem um violão? — Surpreendeu a todos que aguardavam um discurso. Não demorou, uma moça da produção trouxe-lhe um banquinho e uma guitarra acústica, de um dos músicos que iriam se apresentar.

Começou dedilhando despretensiosamente, sobre uns acordes dissonantes. Descontraído, olhava para o violão, como se tocasse só para si mesmo. Absorvido por completo, na singela melodia de agudos metálicos que arrancava suavemente do instrumento.

Um complexo arranjo jazístico, começou tomar forma. Seu ritmo tranqüilo, mas sofisticado, lembrava uma bossa nova. Foi evoluindo em simplicidade, para uma coisa meio *folk*, quase *country*. O solo rico de trinados e ligaduras, feito pelas mãos virtuosas do pintor, veio se revelar como a introdução de uma antiga canção de protesto de Bob Dylan. Ele cantou:

> [1]*How many roads must a man walk down*
> *Before they call hi a man*
> *how many sees must a whit dove sail*
> *befor she sleeps in the sand...*

O que se seguiu, foi uma das mais belas interpretações já presenciadas, para *Blowing the wind.* A canção saia do coração do cantor, direto para os ouvintes, que em coro respondiam no refrão:

> [2]*The answer my friend*
> *is blowing the wind*
> *the answer is blowing the wind*

Na platéia animada a cantar, só um rosto permanecia estático. Só uma boca estava silenciosa, aberta de queixo caído: Dharma estava embasbacada. Continuou com o olhar abobado, mesmo depois da música terminar.

As pessoas já haviam parado com os aplausos, mas ela ainda estava vidrada no rosto daquele cantor.

[1] *Quantas estradas um homem deve andar / antes que o chamem de homem ...*

[1] *A resposta meu amigo está no soprar do vento...*

— Dharma você esta bem? — "O" cutucou-lhe, vendo sua fisionomia estranha.

— É ele... Aquela voz... Os cabelos... É ele... — Balbuciava essas frases desconexas.

Precisou que Kácio lhe desse umas sacudidas, para que saísse do transe. Então ela explicou que aquele era o tal homem que tinha encontrado próximo ao rio.

— Mas você nem viu o rosto! — Relembrou "O".

— Sei que é ele, eu sinto.

Van agradeceu os aplausos e franqueou o microfone, a quem quisesse a palavra. Pessoas interessadas, rapidamente foram subindo ao palco, para darem seus informes, declarações, e opiniões sobre os temas antes discursados e a letra daquela música, que era um verdadeiro manifesto, um hino à paz e a reflexão.

O palco se encheu de tal modo, que Dharma não pode mais avistar o homem que a encantou. Andou em direção ao palco, vasculhando os oradores de ocasião a procura do artista.

Era angustiante não conseguir localizá-lo. Tinha dificuldade de se movimentar por entre a multidão ávida pelo microfone. Mais e mais pessoas, engrossavam a fila em direção ao palco. Desistiu de subir pela frente, tentaria a porta lateral para os bastidores. Foi barrada por um segurança. Pela porta entre aberta, achou um rosto conhecido: era Guilhermo conversando com os músicos.

— Guilhermo! Guilhermo! — Chamou pelo amigo, dando uns pulinhos apoiada no ombro do segurança.

— Dharma? — Guilhermo veio a seu encontro. — Olá, o que posso fazer por você?

— Pode-me fazer entrar? Preciso ver alguém lá no palco.

— Já sei: quer conhecer as bandas! — Perguntou-lhe Guilhermo liberando sua entrada.

— Não. Eu quero falar com aquele homem... O que

acabou de cantar!

— O Van? Ele acabou de descer pela frente do palco, mas...

— Não teve tempo de falar nada, a garota já o havia deixado, passando pelo palco e sumindo no mar de gente lá fora.

Desanimou rapidamente em sua busca. Era tanta gente, mal conseguia se mover direito. Acabou voltando ao ponto inicial, para junto dos amigos.

— Relaxe prima, vai encontrar o cara, cedo ou tarde. — Kácio tentou reanimá-la.

"Talvez", pensava confusa, "talvez não". Conformou-se em continuar ali, "quem sabe ele volta para outra canção".

O Show estava para começar, as últimas pessoas apressavam-se em seus recados ao microfone. De repente avistaram aquela figura ímpar no palco: a careca reluzente, o longo casaco de couro preto: era Claus. Dharma ficou confusa, nunca tinha visto Claus falar em público. "O" ficou apreensiva, "talvez seja um pedido de perdão, talvez ela o aceite...", sentiu seu coração apertar com o medo de perder o homem que ainda nem era seu. Kácio achou esquisito: "O que é que aquele alemão maluco tá fazendo lá?"

Para espanto deles, Claus começou um discurso estupidamente rancoroso. Dizendo que também era um mochileiro, mas que achava tudo aquilo uma hipocrisia. Que todos eram preconceituosos sim, e isso era da natureza humana. "Uma forma de defesa da degeneração". Disse de forma clara.

— Pessoalmente, não tenho nada contra essa gente, — Referia-se aos latinos, negros, judeus ou qualquer um não "branco".— Mas que eles fiquem em seus países! Parem de invadir nossa terra, tirar nossas coisas, empregos, casas.

Continuava com a fala absurda, carregada de uma mágoa que só Dharma e seus amigos sabiam a razão de ser.

No inicio todos acharam até engraçado, não o levando a sério. Pensavam tratar-se de alguma encenação, performance ou coisa parecida. A qual terminaria com uma lição de moral. Contudo, ele continuou a defecação verbal, com uma seriedade cada vez mais convincente.

— "Sai daí seu idiota!" — Alguém gritou da platéia.

Arremessaram uma lata de cerveja vazia, a qual, o alemão agarrou num reflexo de lutador. Logo as vaias foram intensificando-se e abafando o discurso daquele orador revoltado pela paixão. Outros objetos, como frutas, bolinhas de papel e até botinas, começaram a acertar-lhe. Gritos de: "Fora nazista!" E "Sai daí maluco!", ecoavam vindos da multidão.

Claus, irado com a reação da platéia, chutou o microfone e pulou do palco, abrindo caminho aos empurrões pela multidão, que o xingava e vaiava sem parar. Muitos quiseram agredi-lo, mas desistiram ao verem de perto seu porte avantajado e sua cara de poucos amigos.

Mais à frente se deparou com Dharma e o primo, que o olhavam com reprovação.

— Claus o que é isso? O que te deu na cabeça? — Questionou Dharma.

— Tá satisfeita? Você e esse seu negrinho fizeram-me enxergar as coisas! — Disse isso dando um violento esbarrão em Kácio e continuou andando.

"O" pediu licença ao grupo dizendo que precisava falar com Claus. "Ele deve estar fora de si!" Justificou enquanto corria em seu rastro.

Todos ficaram comentando o ocorrido por um bom tempo, até que o show começou. Uma banda de *blues* americana abriu o espetáculo.

Dharma ficou pensativa, sua mente flutuava de um pensamento a outro, hora vislumbrando um encontro com o galante músico-pintor, hora relembrando as palavras amargas e ressentidas do ex-namorado.

"O" conseguiu finalmente alcançar Claus. Estavam sobre a ponte do rio, ela pegou-o pelo braço, com um olhar solidário.

— Espere Claus! Não fique assim, acalme-se! — Ela falou-lhe com ternura. — Sei que você não quis dizer aquelas coisas. Você é um cara legal, mas está sofrendo...

Claus tomou-a nos braços impulsivamente e a beijou. "O" aceitou o beijo.

"Eu quis dizer sim!" Pensava o alemão enquanto a beijava.

Kácio estava se divertindo muito. Agora com Maria a seu lado, o evento parecia bem mais interessante do que antes. Marta e Miguel aproveitavam as músicas dançando juntos. Gonçalves e Joaquim, fanfarrões, faziam piadas e brincadeiras com o jovem casal.

Dharma estava calada. Isso incomodava Kácio. Porém, ele estava concentrado na portuguesa, que parecia bem apaixonada.

No intervalo, conversavam enquanto bebiam cerveja. Contou-lhe de seus planos para viajar com a prima, e da sucessão de coisas que o trouxera para a Escócia, para encontrá-la.

— Mas e depois daqui, ainda vais a visitar a outros lugares? — Perguntou Maria.

— Talvez sim! Minha prima quer mostrar-me algumas cidades interessantes pela Europa, mas para isso, vou ter que fazer o dinheiro esticar.

— Gostaria de ir contigo, outro sim, volto aos estudos na

próxima semana. — Disse lamentando-se por não poder acompanhar o brasileiro, no que parecia ser uma longa e excitante jornada.

Já era noite quando o show acabou. Dharma chamou o primo dizendo que precisavam se apressar. Teriam uma longa caminhada de volta para a cidade e ainda precisavam achar um lugar para passar a noite.

— Podem vir conosco! — Interrompeu Maria, que não queria perder Kácio de vista.

— Isso mesmo, se apertarmos um pouco, podemos ir juntos no furgão. — Complementou Gonçalves. — Vai acontecer uma festa no albergue em que estamos hospedados, depois vocês acabam arranjando-se por lá mesmo. Estamos no Backpackers Hostel, a dona é muito simpática, não vai se opor.

O albergue fazia parte de uma pequena rede de [1]*hostels*, espalhados pela Escócia. Eram muito simples, mas aconchegantes. Dirigidos a jovens mochileiros, viajantes com pouco dinheiro. Muitos pagavam suas camas com algum trabalho prestado ao estabelecimento como: faxina, pintura ou qualquer outra coisa que pudesse interessar.

Pode-se encontrar *Backpackers Hostels* em vários lugares pela Europa. Porém, na maioria das vezes trata-se de espeluncas sujas que não valem a economia e que usam apenas o nome como *marketing* para atrair viajantes inexperientes. Não era o caso em Fort Wilian.

Uma jovem estudante e o namorado decidiram abrir a hospedaria, numa velha e grande casa que ela herdou da família. Era limpa e arejada. Cores alegres, quartos amplos e bem aquecidos. O melhor de tudo era a espaçosa sala com sofás, grandes almofadas, um felpudo tapete de lã de ovelha e a charmosa e acalentadora lareira, sempre acesa.

Como lhes havia garantido Gonçalves, foram bem recebidos por Janete: a dona. Ela pediu-lhe desculpas, por estarem lotados teriam que dormir na sala. Guardou suas mochilas na recepção e mostrou-lhes os banheiros e a cozinha.

Dharma demorou-se no banho. A água quente era uma dádiva depois do frio e o cansativo dia que passara. Ao sair do chuveiro, apanhou o papel com o desenho da paisagem que guardara. Foi sentar-se na copa, que era o único lugar sossegado da casa naquele momento. Não estava interessada em festa, tinha sentido emoções demais para um único dia. O dramático rompimento com Claus deixou-a magoada. Mas fora o encontro mágico com o tal artista que mais mexera com seu interior, deixando-a ao mesmo tempo fascinada e deprimida. Estava frustrada por não tê-lo alcançado para conversar no palco, "talvez nunca mais o visse", pensava.

— Ah! Você está ai! — Maria apareceu junto à porta. — venha, vamos à sala, a festa está animada.

— Não, obrigado Maria. É gentileza sua convidar-me, mas estou um pouco cansada hoje. — Respondeu Dharma, com os olhos voltados para o desenho. Parecia estar à procura da virtual presença do autor que assinara aquela obra.

— Vamos... — Insistiu a simpática portuguesa. — Se não gostar da festa, pode subir e ir descansar no meu beliche, dormirei na sala com Kácio.

A proposta pareceu-lhe tentadora, assim poderia dormir mais cedo, era só o que desejava. Enrolou o papel com cuidado, formando um delicado canudo e seguiu Maria pelo corredor.

— O Kácio está nos esperando lá. Você vai gostar, tem música ao vivo, gente dançando. Parece que é um aniversário... — Ia tagarelando a lusitana a sua frente.

Quando entraram na sala, a atmosfera era cativante. Pessoas rindo, brindando com vinho e conversando. Um enorme bolo pousado sobre a mezinha de centro, chamava atenção. Sua forma circular, com o desenho do mapa-mundi por cima, sugeria o planeta. Tinha um pequeno boneco com uma mochilinha nas costas, que encantou Dharma. Ela aproximou-se um pouco para ver melhor o enfeite. Parou por alguns segundos meio arqueada, com as mãos para trás segurando o precioso canudo, até que uma voz, vinda do outro lado da mesa, foi-lhe dirigida num tom amistosamente brincalhão.

— É bom passar um verniz nesse pastel!

Ela levantou-se na direção da voz. Van estava direto a sua frente, do outro lado do bolo, sentado numa almofada com as costas viradas para o calor da lareira.

Ficou surpresa, segurando o pequeno canudo de papel. Lembrou dos escritos em seu interior: "coincidências são como duas estradas que se cruzam..."

Como pano de fundo ao zunido das conversas e gargalhadas, ecoava na grande sala, uma doce e alegre melodia. Flautas e flautins, violinos e um pequeno tarol, animavam a festa. Era uma bandinha de músicos de Dublin. Tocavam uma música vigorosa que convidava à dança.

Duas belas moças saltitavam de um lado para o outro, nas pontas dos pés, com as mãos para trás, num envolvente sapateado irlandês. Eram acompanhadas pelas palmas entusiasmadas de alguns.

A casa estava lotada, Janete oferecera a festa para o aniversário de cinqüenta anos de Van. Ele era um velho amigo da família. Agora a festa parecia distante para o aniversariante, ele só via uma pessoa: Dharma.

Estavam os dois sentados frente a frente, em almofadas, juntos a lareira. Conversavam bem próximos um do outro, pois o barulho da festa atrapalhava. Hora ou outra, alguém pedia licença para se servir do chá Inglês que fervia num velho bule chamuscado sobre as brasas na lareira.

Dharma não se cansava de decorar o rosto expressivo daquele homem fascinante. Enquanto conversavam, ela ia observando cada ruga que lhe marcava a face, que guardava histórias de sofrimento e alegrias, que davam uma aparência cansada, mas com uma dignidade comum às pessoas que souberam aprender com as experiências de uma longa existência.

Seus olhos, tão azuis, eram contraditoriamente juvenis, brilhavam com uma vivacidade cristalina e uma profundidade que lhe desnudava alma bondosa. Sobre tudo, ele era bonito. Seu fino nariz e a boca delicada sugeriam uma doçura quase feminina. O cavanhaque grisalho, por outro lado, destacava seu queixo firme, másculo.

Van parecia hipnotizado com a figura da garota à sua frente. Ela era simplesmente linda. Sua beleza era um tanto exótica com aqueles enfeites metálicos espetados no nariz e sobrancelhas. Tinha os cabelos longos vivamente coloridos e com algumas grossas tranças pendendo por sobre os ombros. "Tem idade para ser minha filha..." Pensou. Mas algo naquele sorriso, aquela voz fazia-o esquecer a idade, ela parecia bem mais madura do que muita gente idosa. Algo no seu gesticular, na forma como ela expunha suas idéias, deixava transparecer claramente que se tratava de uma "alma antiga", como ele se referia às pessoas especiais que conhecia. Sentia-se estranhamente atraído.

— Por que deixou a escola, se ainda está tão interessada em aprender sobre arte? — Van perguntou-lhe diante do interesse que ela demonstrava para com a técnica que utilizara na paisagem.

— Eu não podia mais ficar ali parada. Queria ver as pessoas, o mundo. Além do que, precisei trabalhar.

Falavam tão próximos que ele podia sentir o frescor de seu hálito.

— Fiquei deslumbrada com os artistas de rua que conheci em Londres. No meu país não se vê muito disso. Eles são tão espontâneos... Livres!

— Tem razão, são livres, mas falta-lhes algo, um toque pessoal em suas pinturas, seus retratos... — Van seguia encantando. A moça sorvia suas palavras com prazer. O vinho proporcionava-lhes uma gostosa desinibição na conversa. Trocavam ousados olhares entre uma taça e outra.

Ele se pegava às vezes, com uma certa vaidade ao falar. Como que um adolescente tentando impressionar sua garota. Ria de si mesmo, do que lhe parecia uma tolice. Contudo nunca sentira isso antes por ninguém. Ela aparentava uns vinte e cinco anos, porém, falava como uma mulher vivida. Aquela pela clara, parecia tão macia, convidava-lhe a tocá-la. A boca pequena, carnuda, sentia-se tentado a beijá-la.

— Então você vem fazendo retratos para viver?

— Sim, no começo apanhei um pouco, retratava as pessoas de uma forma muito dura, sem expressão... — Ela falava gesticulando como se estivesse desenhando. — Mas depois minha técnica foi melhorando, tomei confiança. Porém, tive que praticar até a exaustão, até calejar! — Brincou, mostrando um pequeno calo no dedo médio da mão esquerda.

Van tomou-lhe a mão nas suas. "Seu toque era quente", sentiu Dharma estranhamente excitada. É engraçado como as pessoas ficam diferentes, agem diferentes e sentem as coisas de outra forma quando começam se apaixonar.

Ele pôs-se a observar minuciosamente a mão da canhota. Com delicadeza, virou-lhe a palma para que pudesse ver suas linhas.

— Parece que estás no caminho certo, és uma artista talentosa e criativa com certeza!

— Você consegue ver isso aí, na minha mão? — Ela ficou

surpresa com o lado místico do artista.

— Mais ou menos. Aprendi vendo uma tia trabalhando, ela era cigana, como meu pai. Na maioria das vezes apenas inventava coisas para satisfazer o que os clientes queriam ouvir. — Continuou investigando a mão. — Mas outras vezes, quando gostava da pessoa, via coisas verdadeiras e ajudava muito quem precisava.

Continuava segurando a mão da garota, seu toque suave acariciava a sua pele. Ela sentia as orelhas esquentando, a boca seca. Seu coração batia forte. O primeiro toque é sempre assim: avassalador...

— A linha do amor... O que ela diz? — Dharma falou, tocando-lhe a face de leve com a outra mão.

Van virou o rosto, olhando no fundo dos grandes olhos castanhos da brasileira. O reflexo das chamas da lareira projetava uma imagem sugestiva de fogo nos olhos de ambos. Foram se aproximando lentamente, já não ouviam os sons festivos da sala, só as batidas de seus corações... O tempo parou quando seus lábios se tocaram.

O resto da festa passou como algo distante. Mesmo quando cantaram parabéns, ele soprou as cinqüenta velinhas, cortou o bolo... Mas cada um, só tinha olhos pro outro. Só tinham ouvidos para as palavras deles mesmos.

A noite ia passando, as pessoas se retirando. Porém, aquele casal continuava ali, trocando olhares, falando de suas vidas, do vazio que sentiam até aquele momento.

Era como se já se conhecessem há tempos. Que tudo em suas vidas até então, não passasse de uma preparação para o reencontro.

Descobriram o quanto já haviam estado perto um do outro, dos amigos que tinham em comum, como o Guilhermo.

Ficaram sozinhos na sala. A noite parecia não ter fim.

Intercalavam a conversa, com longos beijos e carinhos. Num determinado momento, Dharma, sempre tão instintiva, puxou-lhe por carícias mais íntimas, deixando fluir seus desejos de mulher. Van sussurrou-lhe ao ouvido que queria manter aquela noite mágica acima dos prazeres físicos, coberta com uma pureza transcendental, que só duas almas gêmeas podiam gerar. "Teriam tantos outros dias para saciarem a fome de seus corpos".

O dia já se anunciava na aurora. Contudo, estavam ainda despertos, agora deitados no tapete, abraçados em silêncio. Observavam o último crepitar das chamas que iam se extinguindo aos poucos, até que restaram apenas as cinzas mornas... Dormiram.

CAPÍTULO 7

[1]When you're on the hill, where the nature is amazing, take care my friend. Because it has not mercy for the human life.

Era um belo dia, o sol iluminava o estreito vale. Soprava um vento leste bem suave, o céu estava limpo com pequenas nuvens escuras a oeste.

Kácio acordara muito cedo aquela manhã, decidira não despertar a prima, "deve ter dormido bem tarde", imaginou.

Caminhavam a mais de duas horas, ele e os amigos portugueses. Iam montanha acima. A inclinação acentuada e as pedras soltas, dificultavam a caminhada. Embora não tivesse muita prática com *Treking*, estava conseguindo acompanhar o grupo sem maiores dificuldades na excursão ao Ben Nevis.

Além deles, outros grupos estavam a subir a montanha naquela manhã. A maioria tinha estado no encontro Backpackers no dia anterior, não queriam partir da região sem antes darem uma olhada na maravilhosa vista do alto da montanha.

Não precisariam escalar, apenas tinham que seguir a estreita

[1]Quando você está na montanha, onde a natureza é maravilhosa, tome cuidado meu amigo. Porque ela não tem piedade da vida humana.

e vertiginosa trilha que levava ao cume. Kácio ficara um pouco apreensivo com a placa no centro de visitantes, ela alertava para os perigos do Ben Nevis. Seus mais de mil e trezentos metros de rocha, quase sempre revestidas por uma fina camada de neve, já haviam feito vítimas até entre montanhistas experientes. A placa frisava os cuidados com o clima. Naquela região e altitude, ele costumava mudar muito rapidamente. Ninguém deveria subir desacompanhado ou sem agasalhos apropriados, devido ao perigo da hipotermia.

— Não se preocupe Kácio, estamos bem preparados e o Gonçalves tem muita experiência. — Tranqüilizou Maria.

Teriam mais duas horas de subida até o topo. A cada quinze minutos faziam rápidas paradas para beberam água e retomarem o fôlego. Nesses momentos Kácio e Maria aproveitavam para se curtirem um pouco, já que não podiam se tocar enquanto caminhavam. A trilha estreita os obrigava andar em fila indiana.

Em alguns pontos naquele ziguezigue ascendente, alcançavam pequenos platores onde davam paradas mais longas. Acabavam se encontrando com outros grupos, conversavam e divertiam-se conhecendo outros andarilhos.

— Veja, não é a sua amiga escocesa? — Apontou Maria.

— Sim, é a "O" sim, e aquele alemão maluco. — Respondeu Kácio. — Vamos até lá.

Andaram até os dois, que se preparavam para retomarem a subida. Kácio estava preocupado com "O", não a tinha visto depois do show. Não tinha muito interesse em conversar com Claus, depois da estupidez do outro dia. Porém, não era de guardar ressentimentos.

"O" alegrou-se ao reencontrá-los. Conversaram rapidamente, Kácio falou-lhe da festa e da prima que tinha ficado no albergue. Claus permaneceu calado, com o olhar sisudo. Kácio o ignorou.

— Vamos "O", temos muito o que andar! — Disse Claus, ajudando-a com a mochila.

Todos foram retornando a trilha, não se podia perder muito tempo, Já passava do almoço, a volta seria tão cansativa quanto à ida, talvez mais.

Maria comentou com Kácio, sobre "O" e Claus, que andavam a sua frente em marcha muito forçada. Se continuassem naquele ritmo, chegariam exaustos no topo. Trazer as mochilas de viagem para a caminhada, não era uma coisa muito inteligente. "Não se faz trilha de montanha com tanto peso!" disse, além do que, eles não portavam cantis. Notara "O" um tanto pálida, aparentava já estar bem cansada, Claus não demonstrava fadiga.

O vento agora começava atrapalhar. Soprava frio e forte no rosto. Uma fina camada de neve cobria a montanha naquela altitude. Apenas algumas cabras montesas famintas aventuravam-se por ali, atrás da relva escassa que, raleadamente, brotava da terra gelada entre as rochas.

As pequenas nuvens que se via distante, a oeste, tinham se aproximado com aquela lentidão enganadora e encoberto o azul de outrora, com seus vapores cinza-chumbo.

Pessoas passavam por eles na trilha, em sentido contrário, descendo o Ben Nevis. Os grupos que chegaram mais cedo ao topo, agora voltavam à passos largos, espalhando a notícia que o clima estava ficando ruim acima.

Muita gente foi desistindo quando os primeiros flocos de neve começaram a cair. Numa parada de descanso, os líderes dos grupos reuniram-se para decidirem se continuavam ou não.

— Ok, vamos esperar vinte minutos, se o clima melhorar: continuaremos, se não: O "Ben" fica para outro dia! — Brincou Gonçalves.

Kácio avistou "O" e Claus, estavam bem acima, uns duzentos metros adiante, numa curva da trilha. Gritou por "O", eles pararam, porém, não conseguiam entender o que se gritava, o vento estava contra.

— Veja Claus, eles querem nos dizer alguma coisa! — "O" reconheceu Kácio, que de longe gesticulava alguma mensagem, apontando para o céu. — É o clima, o clima está piorando Claus, veja as nuvens, o vento está mais forte e a neve está caindo. Não deveríamos voltar?

— Claro que não, sua escocesinha medrosa. Não leva esses latinos muito a sério. O que eles conhecem sobre o nosso clima?

Claus era por demais orgulhoso para desistir do topo por influência daquela gente. Não estava nem um pouco cansado, era muito forte. Todavia, "O" estava detonada, seguia o companheiro pois via naquele ato, uma oportunidade de demonstrar sua fidelidade, seus sentimentos. Estava cegamente apaixonada. Suas costas doiam, as pernas estavam fracas, o peso da mochila, exaurira sua musculatura delicada. Não trouxera luvas, suas mãos estavam geladas.

Os outros ficaram olhando de longe o destemido casal. Balançavam a cabeça num gesto de reprovação, não podiam fazer nada por eles. "A natureza nas montanhas é maravilhosamente bela, não obstante, pode ser cruel e insensível ao sofrimento humano".

Kácio, Maria e seus amigos portugueses ficaram olhando o intrépido casal sumir na brancura gélida da trilha. Nevava bastante agora, a visibilidade diminuía. Todos nesse momento, partiam rapidamente montanha abaixo.

Uma enorme fila formara-se na decida, Kácio seguia os passos apressados de seus companheiros, sua mente estava atribulada com a imagem da amiga escocesa, acenando antes de sumir na trilha. Para baixo a visibilidade era melhor. Avistou um outro casal que teimava contra a corrente, subindo pela trilha e abrindo passagem por entre o rio de montanheses desistentes. Sua atitude chamou a atenção do grupo, estavam praticamente correndo.

— Mais dois irresponsáveis para o topo? — Questionou Gonçalves.

Estavam ainda bem distantes, mas Kácio conseguiu reconhecer a prima pelo cabelo peculiar.

— Isso mesmo Kácio! É Dharma e aquele homem da festa, o tal Van. — Confirmou Maria, com um binóculo.

Passaram-se uns quinze minutos, até que se encontrassem na trilha. Dharma abraçou o primo aliviada por tê-lo encontrado.

— Kácio! Ainda bem que achamos vocês! — Falou a brasileira muito ofegante.

— Temos que descer o mais rápido possível. — Informou Van. — Uma grande tempestade de neve se aproxima. Ouvimos no rádio pela manhã.

O clima mudara drasticamente, os ventos assoviavam nas poucas rochas que ainda não estavam cobertas pela pesada nevasca que caía.

— Dharma, você precisa saber: — Kácio relutava contar-lhe da amiga. — "O" está lá em cima! Com o Claus.

— Como? Não pode ser? Temos que avisá-los. — Dharma ficou desesperada.

— Não há tempo! — Disse Gonçalves, apressando os companheiros. — Se não descermos agora, não conseguiremos.

Ele tinha razão, a situação era crítica, a trilha ia aos poucos, sendo engolida pela neve. O risco de perderem-se na montanha era grande, ainda havia o perigo de escorregarem no gelo, caindo pela ribanceira.

— Talvez o tempo melhore! — Argumentou Miguel, um dos portugueses sem muita convicção.

"Se tem uma coisa de que eles se orgulham, aqui no Reino

Unido: é de sua previsão do tempo". Pensou Van.

— Vocês precisam descer já! — Falou o pintor, dirigindo-se a todos, inclusiva a Dharma! — Eu irei encontrá-los..., conheço essa montanha muito bem.

Gonçalves questionou, Van não poderia trazê-los nas costas, ofereceu-se para ir junto.

— Não, os outros precisam de sua liderança! — Argumentou Van, quase como uma ordem, ao que foi atendido. Não era hora para polêmicas ou discussões. Em casos como esses, de vida ou morte; "Manda quem sabe, obedece quem tem juízo".

A essa altura, Claus não conseguia mais avistar a trilha, a neve cobrira tudo. Seus flocos empurrados pelo vento cegavam os olhos dos dois. "O" não se agüentava sobre as pernas, seu rosto ardia, não conseguia sentir as mãos nem os pés. Claus tentava ampará-la no caminhar, mas andavam aos tropeços, suas roupas estavam se encharcando.

A arrogância em seu semblante "ariano" cedera lugar para uma fisionomia desolada. Percebia agora, bem tarde, que sua prepotência tinha um preço, sua força tinha limites. Sua mente estava confusa pelo terror da morte iminente. Em vão, tentavam ainda, galgar o topo do monte, mas era difícil saber se subiam ou desciam naquele momento.

Van já subira à aquela montanha mais de uma vez, conhecia bem as trilhas, mas sob uma nevasca era muito difícil localizar-se. Andava a passos ligeiros, estava bem agasalhado e com luvas.

Usava óculos para proteger os olhos, porém enxergava com dificuldade, o ar gelava os pulmões ao se inspirar.

Não sabia se conseguiria encontrá-los, temia até por sua própria vida naquele inferno branco. Uma intuição fez-lhe olhar para traz: Dharma o seguira! Tarde de mais para voltar com ela, a brasileira fora intransigente em seguir junto com o novo amor.

Temia pela amiga e não queria perder o namorado de vista.

Seguiram de mão dadas. Van temia ver a garota arremessada ao abismo pelos ventos poderosos que agora sopravam. A visibilidade era mínima, a neve chicoteava seus rostos rígidos pelo frio. Cada passo despendia um esforço tremendo.

Passara-se meia hora, já estavam quase a desistir da busca, quando finalmente encontraram o casal. Estavam encolhidos e abraçados, vencidos pelo cansaço.

— Venham conosco, vocês não podem ficar aqui parados! Falou Van enquanto ajudava "O" a levantar-se.

— Estávamos só descansando, não precisamos de ajuda...

— Disse Claus num delírio, de alguém com a mente confusa. No que foi ignorado.

Deviam estar próximos do cume, Van disse conhecer um lugar onde poderiam abrigar-se. Seguiram para cima até uma bifurcação da trilha. Porém, logo depois a neve cobriu tudo, a visibilidade não era mais do que um metro a frente. Estavam praticamente perdidos e sem meios de se localizarem.

— Esperem! Alguém ouviu isso? Van parara para poder ouvir melhor o que lhe pareceu um berro de cabrito, talvez perdido, talvez não.

— Não ouço nada, apenas umas cabras eu acho! — Disse Claus.

— Isso mesmo! Cabras! Elas conhecem isso aqui bem melhor que a gente. — Van alegrou-se.

Por alguns minutos seguiram às cegas, quase que engatinhando para não escorregarem, sempre em direção aos sons dos animais. Chegaram ao pé de um paredão, foram tateando pela formação rochosa até que encontraram uma estreita fenda.

Espremeram-se por entre as pedras, um a um, e foram dar num pequeno vão que mal tinha espaço para sentarem. As cabras se assustaram com os intrusos em seu "abrigo de tempestades". Tratava-se de uma pequena gruta, formada por uma rachadura no granito. O teto era de gelo, e o chão mal cheiroso com o esterco fresco das cabras, era uma mistura lamacenta de detritos, trazidos pelo degelo na primavera e acumulados ali com os anos. Mas naquele momento, foi como um hotel cinco estrelas, comparado à situação caótica que se encontravam minutos atrás.

Van pegou as mochilas e as prendeu entre as paredes rochosas na entrada, vedando o abrigo, dos ventos gelados.

— Pelo menos serviram para isso! — Gracejou, referindo-se a bagagem dos montanhistas inexperientes.

Dharma estava muito preocupada com a amiga. "O" queixava-se muito do frio, principalmente as mãos, que antes doíam muito, mas agora estavam rígidas e insensíveis, ela não conseguia movê-las, estava em choque.

— Temos que fazer alguma coisa, as mãos estão roxas, ela pode perdê-las! — Disse Dharma ao ouvido de Van.

"O" estava com início de hipotermia, eles retiraram suas roupas molhadas e esfregaram seu corpo com as mãos. Depois a vestiram com roupas secas e ficaram os três abraçados em volta da escocesa. Ela melhorou dos fortes tremores, mas as mãos continuavam escuras e duras.

Van olhou para Claus e pediu sua ajuda.

— Precisamos pegar uma dessas cabras! — Ninguém entendia o que ele queria com os bichos. Contudo, não foi difícil, elas estavam encurraladas no fundo da gruta, não tinham espaço para se esquivarem. Van orientou o alemão para que quebrasse o pescoço do animal. "Uma morte rápida", pensou, tinha o coração mole. Claus foi bem eficiente, ouviu-se apenas um estalo e a cabra ficou inerte.

Van retirou um pequeno canivete do bolso, fez um corte profundo no abdômen do animal, ao que seus intestinos se expuseram pelo orifício. O fedor era insuportável, Dharma vomitou. Fizeram com que "O" enfiasse as mãos na barriga aberta do bicho, até os cotovelos.

O calor nas entranhas do caprino estava funcionando como uma bolsa térmica. Aos poucos "O" foi sentindo as mãos novamente. A dor era intensa, mas necessária, em uma hora já podia mexê-las.

O frio continuava cruel. Doíam os pés, as mãos, todas as extremidades do corpo. "O" gemia de frio, mas ficara mais tranqüila sentindo a dor nas mãos. Era melhor do que a insensibilidade da gangrena. Dharma aconchegando-se a Van, perguntou-lhe quando poderiam sair.

— Não sei, talvez pela manhã minha querida...— Respondeu.

Claus, abraçado a "O", não tirava os olhos do casal. O ciúme o incomodava mais que o frio.

— Deveríamos ter descido! Já teríamos chegado. — Disse querendo contestar a decisão que Van tomara ao seguir para cima.

— Morreríamos congelados na escuridão meu jovem!

Claus ficou um pouco irritado com o tom irônico na resposta, mas não tinha forças para discutir. A noite já caía, era comum estar escuro antes das cinco no outono, porém com o céu encoberto, anoitecera por completo já às quatro. "Era bem estranho aquela nevasca no fim novembro!" Pensou Van. O clima do norte era assim mesmo, principalmente nas ilhas britânicas: ele muda rapidamente.

Era bem cedo, Kácio estava desconsolado, via apenas neve e mais neve pela janela do helicóptero de resgate. Maria tentava animá-lo, contudo, ela mesma não estava bem certa se eles teriam resistido a nevasca ou a noite gelada na montanha.

Sobrevoando a encosta lateral, o piloto avistou quando os quatro sobreviventes emergiram de um buraco na brancura gelada.

O brasileiro balançou a cabeça, com um sorriso de alívio pensando: "quando eu contar isso lá em casa ninguém vai acreditar!"

CAPÍTULO 8

[1]There are lot of things to do and strange people to know. This is London! If you'll have luck, you can meet an authentic english person as well!

O ônibus se aproximava da estação. Dharma e Kácio, agora acompanhados por Van e Maria, haviam viajado a noite toda. Kácio dormira pouco, tamanha a sua excitação com o retorno à capital inglesa. Em sua passagem relâmpago, rumo a Edimburgo, não tivera tempo de ver absolutamente nada daquela grande cidade.

Queria aproveitar ao máximo essa oportunidade que o destino, isso é, o tio estava proporcionando-lhe. Ver todas as coisas, conhecer muitas pessoas, além de reencontrar a prima é claro. Afinal, o tio bancara-lhe a viagem com o objetivo de reaver a

[1]Têm tantas coisas para fazer e pessoas estranhas para conhecer. Isso é Londres! Se você tiver sorte pode até encontrar um autêntico inglês também!

filha. Kácio fora honesto, não podia garantir que Dharma voltaria com ele. Todavia, estava ele ali, e iria curtir cada momento, por duas ou três semanas até seu retorno ao Brasil para um "ótimo emprego": era o que esperava.

O brasileiro, antes da viagem, fizera extenuante pesquisa na *Web* sobre os lugares que deveria conhecer no velho mundo. Agora, pretendia seguir seu roteiro inicial. A aventura na Escócia não o tinha desagradado. Contudo, ele era esse tipo de pessoa, quando pensava numa coisa, queria vê-la realizada exatamente como em sua imaginação. Depois dos eventos nas Highlands, os primos decidiram retomar seus planos de viagem que eram independentes da questão do retorno de Dharma.

O roteiro parecia um tanto pretensioso para o pouco tempo que tencionavam viajar juntos. Pretendiam cruzar a Europa visitando desde a fria Londres, até os climas mais suportáveis do sul, como Roma ou Barcelona. Isso, passando pela psicodélica Amsterdã, a charmosa Paris e a romântica Veneza.

"Para uma primeira viagem poderia ser bem interessante". Comentara Van. Ele vinha ajudando-os com algumas dicas sobre restaurantes econômicos, albergues confiáveis e atrações alternativas de cada lugar. Lembrou-lhes ainda, que deveriam comprar o guia econômico de viagem da Frommer's: EUROPA A $50 POR DIA, uma verdadeira Bíblia para mochileiros iniciantes.

Embora Dharma já fosse uma viajante experiente, gostou da sugestão, pois o tal guia poderia ser "uma mão na roda" pensou, principalmente para o tipo de viagem que fariam. Seria ainda, bem instrutivo para o primo, um calouro de estrada. Ela estava animada. No último ano viajara bastante pela Grã-Bretanha, queria agora dar um grande giro pelo continente.

Dispunham de menos de três semanas para atravessarem uns oito países. Claro que esse, seria um estilo bem superficial de turismo, o conhecido: bate-ponto; dois a três dias em cada cidade. Viajariam a maior parte do tempo à noite. Isso economizaria a hospedagem e ganhariam tempo.

Era chegar..., procurar um alojamento próximo à estação e sair para rua com a disposição de andar o dia inteiro. Comer algum *fast-food* para enganar o estômago até o jantar. Voltar para o albergue tarde da noite exausto, mas contente de ter visto tantas coisas e pessoas que provavelmente jamais reencontraria. Parece uma maratona maluca, e é. Mas é o que a maioria dos mochileiros de primeira viagem opta para acumular o máximo de recordações em sua jornada inicial. Viajantes experientes costumam passar meses, até anos num determinado país. Arrumam um emprego ou um bico qualquer para as despesas e mergulham de corpo e alma na cultura do lugar que escolheram.

Dharma e Kácio teriam dias cansativos pela frente. Mas terminariam com sua bagagem cultural enriquecida e sua visão do mundo ampliada.

Kácio comprara seus *tickets* de trem, ainda no Brasil. Os práticos *Eurailpass* lhe davam direito há dez dias em trens confortáveis e velozes. Os seiscentos dólares que pagara pareceram caros, mas evitariam as filas dos guichês e findava sendo mais econômico do que comprar as passagens em separado na Europa. Fora difícil convencer o tio da necessidade do gasto extra. Porém o Coronel sabia da mobilidade da filha que se tornara uma pseudocigana a perambular pelas cidades. Seu "agente" teria que estar apto a seguir os passos da peregrina.

Inicialmente, ficariam uns dias em Londres, Dharma faria alguns retratos, precisava de dinheiro. Kácio aproveitaria para conhecer a capital junto de Maria. A portuguesa despedira-se de seus colegas em Edimburgo. Iria ter com eles em Lisboa dentro de poucos dias. Antes, queria aproveitar um pouco mais o namorado brasileiro.

Van desconversara quando Dharma convidou-o a viajarem juntos. Disse um "talvez" pouco animador. Tinha assuntos a tratar em Copenhague, sua cidade natal. Interrompera os preparativos de sua próxima exposição para fazer a viagem com Guilhermo. Pretendia retornar ao seu ateliê para os preparativos finais. Por isso, só poderia decidir depois de uns telefonemas para seu *marchand*.

Isso deixou Dharma um pouco desconfortável. A idéia de separarem-se no começo do relacionamento, era algo que ela não queria nem pensar. Acompanhar Van era tentador. Ao mesmo tempo, queria seguir viagem com o primo que partiria em poucas semanas. Ficou dividida.

Por volta das nove da manhã já estavam hospedados no Holland House em Kensington, o melhor albergue de Londres; um pouco caro, mas o café continental, que era mais que uma refeição completa, estava incluindo no preço. Além do que, o gerente, um velho amigo de Van, concedeu-lhes um bom desconto na diária de dezoito libras ou *pounds* como eles, ingleses, referem-se ao seu dinheiro.

O café era ótimo: ovos, salsichas, pães diversos, sucos , leite, café e muito mais. Serviram-se à vontade, na confortável copa com televisão.

— Se forem espertos, comam pelo almoço também! — Brincou Van.

Após pegarem seu guia da cidade na recepção, Kácio e Maria, saíram para passear deixando Dharma e Van, que se preparavam para uma pequena caminhada no parque.

O metrô de Londres é um dos maiores sistemas de transporte urbano do mundo e um dos mais eficientes também. Pelo *Tube*, como é chamado, pode-se chegar praticamente, a todos os lugares, sem atraso e com segurança. O mapa do metrô é bem claro. Além dos desenhos de cada linha e destinos, conta com informações detalhadas no verso. Verificando as divisões das áreas, você só precisa situar-se e escolher o destino. O bilhete não é caro, dependendo de quantas zonas a de se percorrer. Melhor é optar pelo [1]*Travelcard*, um cartão que lhe dá o direito a viagens ilimitadas por todo o dia, tanto no metrô, como nos charmosos e tradicionais ônibus vermelhos de dois andares. Kácio e Maria escolheram o cartão.

Pegaram a Central Line até Tottenham, subiram para uma volta pela Oxford Street, uma movimentada rua comercial. Retornaram para estação e tomaram a Northern até Charing Cross. Atravessaram a rua para a Trafalgar Square. A praça, como sempre, estava tomada de turistas e pombos. A grandiosa coluna de Nelson, um monumento a guerra contra Napoleão, atraia os olhares para sua altura exagerada deixando os pescoços dos curiosos a mercê de torcicolos (devido a altura, não se pode ver com muita facilidade a escultura do militar em seu topo), a menos que se tenha um binóculo. Porém, os quatro leões que a rodeiam são fascinantemente belos.

Kácio estava admirado com os monumentos, sobretudo com o movimento das pessoas. Vindas de todo o mundo, elas espalhavam pela cidade com suas câmeras, ávidas por capturar o que pudessem daquela que fora o centro de um vasto Império no passado, que guardava na pluralidade de seu povo e costumes, uma universalidade sem par em toda a Europa.

Olhou para a National Galery, logo em frente da praça, um lindo palácio transformado em museu. Lembrou que a prima,

[1] *Cartão de viagem*

estudante de arte, visitava a galeria semanalmente em seus estudos. Ela contara-lhe da maravilhas em sua coleção, obras dos principais estilos da pintura e dos mais renomados artistas. Pensou por um instante em visitá-la, mudou de idéia imaginando a infinidade de Museus e galerias que seria forçado a ver, quando em companhia de Dharma nas próximas semanas.

Desceram a Whitehall em direção ao parlamento. No caminho, pararam para ver a troca da guarda, na *Queens's life Guards*. Maria ficou um pouco embaraçada com as risadas do brasileiro.

— Desculpe Maria, mas é muito engraçado. — Dizia Kácio tentando segurar a gargalhada. A seriedade estática que os guardas, pomposamente trajados, insistiam manter a despeito do assédio dos turistas, era hilariante. Pessoas encostavam-se, abraçavam, crianças praticamente se penduravam em suas espadas desembainhadas. Todos no intento de melhor fotografar-se junto àqueles bem vestidos e indumentados rapazes. Hora ou outra, os que estavam montados, tinham uma certa dificuldade em manter seus belos animais fingindo-se de estátuas. Kácio conteve-se, em respeito mais a namorada, do que a cena desconcertante à sua frente.

Chegaram ao Parliament Square, o pontual Big Bem dominava a vista, com seus incansáveis ponteiros que do alto da torre indicavam o *Lunch time*, bateram às doze. Eles caminharam pela ponte sobre o Thames e foram almoçar num Mcdonald's do outro lado do rio. Pegaram seus sanduíches e sentaram-se num banco junto a margem olhando a paisagem de águas correntes, barcos e as Casas do Parlamento, assinaladas pelo magnífico relógio ao longe.

Maria já conhecia Londres, estava ali apenas para acompanhar Kácio. Em outros tempos, de certo, trancaria a faculdade de medicina em Lisboa, para vivenciar sua paixão pelo brasileiro. Mas estava no último semestre e bastante envolvida com os estudos. Era uma pessoa interessante, uma mistura bem equilibrada de ousadia, nos esportes radicais que praticava; e, ao mesmo tempo, um temperamento analítico, que mantinha a razão no controle de suas ações todo o tempo, mesmo agora, quando caída de amores por um forasteiro.

— Fale-me sobre você, sua vida no Brasil. — Disse Maria, queria aprofundar-se na alma descontraída do brasileiro que tanto a atraía.

— Minha vida? Nada de mais, nada que valha a pena comentar: trabalho mais do que gostaria, divirto-me de menos... Festas, praia, futebol... — Ele despretensiosamente, acabou enumerando um mundo de maravilhas tropicais que a portuguesa conhecia só das revistas de turismo e dos filmes. Kácio tinha aquele jeitinho malandro de impressionar as garotas, seguia descrevendo as belezas de sua terra e suas aventuras, cuidadosamente decoradas com um meticuloso exagero, que Maria traduzia como charme.

Ela prestava a atenção muito mais às feições do jovem galante, do que as palavras de sua boca. A pele bronzeada que brilhava cheia de vida no rosto moreno, era de um tom tão diferente e belo, que lhe inspirava o toque quase que como por obrigação.

Continuaram ali, namorando pelo resto da tarde. Às vezes, uma gaivota faminta os interrompia a caça de algumas migalhas. Eles se divertiam, atirando o resto das batatas fritas para que a pidona as colhesse no ar.

O Holland Park é um verde recanto no elegante bairro de Kensington. Pouco freqüentado naquela época do ano, mas um agradável lugar para começar o dia.

Dharma e Van caminhavam de mãos dadas, chutando a densa folhagem que se acumulava pelas calçadas. Fazia frio, mas não como o gelo da montanha que haviam a pouco, vivenciado na Escócia.

Falavam sobre Claus. Van percebera o rancor que o rapaz guardava. O ódio em seu olhar, dirigido aos dois quando estavam abraçados no abrigo, pareceu-lhe perigoso.

— O que deixou aquele rapaz tão transtornado? — Van era bom observador, costumava ver além da superfície, nas máscaras faciais que todas pessoas usam para camuflar suas intenções.

— Não sei. Eu tentei ser compreensiva, tive paciência com suas crises infantis de ciúmes. Mas sua forma de me querer era por demais opressiva... Acabou matando todo o sentimento.

— O amor é como o tempo; nos transforma sem que percebamos. — Declamou o dinamarquês. — Isso sempre me amedrontou, me fez vacilar nos relacionamentos. Já vi amantes se odiarem da forma mais profunda.

— Nem sempre é assim. — Disse Dharma, abraçando sua cintura. — Há paixões que se transformam no mais sublime bem querer.

— Você é mesmo especial menina! — Van levantou o rosto da romântica de encontro ao seu. Beijou-a. — Nem parece ter a pouca idade que tem.

— É isso! Idade, eu sabia! Sei que te incomoda essa diferença entre nós. Não importa meu lindo! Essa força que nos atrai... Ela sim é que conta.

Van dissimulou, ela tocara num ponto relevante. Sim, "com cinqüenta anos poderia ser pai de uma moça de vinte e cinco". Incomodava-se não por preconceito. As convenções sociais não faziam sua cabeça. Mas sentia que não era apenas mais uma aventura amorosa, uma paixonite de estrada como tantas outras. Sentia-se tão próximo àquela jovem, como jamais estivera de outra mulher. "Se veio para durar, como seria o futuro?" Questionava-se. Embora parecesse bem jovial para um cinqüentão, tinha pela frente só as degradações da velhice. Dharma, tão linda, jovem e vibrante. Presenciaria sua degeneração... Isso realmente incomodava, "poderia fazer isso com ela?" Perguntava-se, embora não fosse essa sua dúvida principal.

Seus pensamentos eram confusos, ele estranhava isso. Era um homem vivido. Mas quando estava com Dharma, perdia muito de sua segurança, sua objetividade. Temia perder sua liberdade. Apegar-se a alguém mudaria para sempre seu estilo nômade de viver, de estar onde quisesse. Tinha feito isso a vida toda, não sabia se conseguiria mudar. "Talvez o Onde, seja junto dela. O Quando, seja agora!" Assustou-se com esses pensamentos escapulidos do coração indisciplinado.

Uma coisa era certa: tinha receios, inquietações sobre o relacionamento. Lembrou-se que tudo fora previsto, "a felicidade do encontro, tristeza e ódio na separação". Não sabia como e quando, mas sentia que estava próximo. Lembrou-se de uma amiga: "esteja alerta meu caro Íve, a bruxinha nunca falha!" Disse-lhe certa vez sua amiga Charlotte.

Saíram pelo portão lateral, caminharam até a avenida e desceram a estação do metrô. Tomaram a Central até Oxford Circus e saltaram para Bakerloo. Dharma precisava pegar uns documentos na sua antiga faculdade de artes que ficava em Peckham, um bairro afastado do centro.

Era uma escola moderna, o prédio bem localizado e imponente contrastando com o bairro mau cuidado de subúrbio. Subiram a escadaria e tomaram o corredor principal. Dharma avistou um rosto conhecido, era Mr. Phillips um antigo professor de história da arte. Ela ficou feliz ao revê-lo, ele também. Apresentou o namorado, mas descobriu que os dois já se conheciam. Afinal eram artistas quase contemporâneos. Notou uma certa reverência do professor para com Van, não deu maior importância ao fato. O velho mestre perguntou se a brasileira vinha retomar o seu curso, ela respondeu que ainda não. Despediu-se do professor e foi até a secretaria para apanhar um certificado.

Andando pelos corredores da velha escola, Dharma teve muitas lembranças. Chegara sozinha naquela cidade anos atrás. Lembrou dos professores, amigos... Lembrou de Elisabeth O'Connor, conhecida apenas como: "O". Ela própria, Dharma, tinha apelidado a companheira com uma abreviação carinhosa de seu sobrenome: O'Connor que lhe parecia por demais carrancudo para aquela meiga ruivinha.

"O" fora sua colega de quarto na pequena quitinete que alugara para morar próximo à faculdade. Vivera bons momentos com a agradável companhia da pequena *highlander*. Ela lhe mostrara a cidade, o "*underground*", o lado de Londres que os turistas nunca conhecem. A introduzira nos meios artísticos, apresentara-lhe pintores, figuras exóticas e rapazes interessantes; "festas estranhas com gente esquisita" de verdade! Tornara-se sua melhor amiga. Depois dos acontecimentos na Escócia "O" passara direto de Edimburgo para Hawich, uma cidade portuária, aonde tomaria um navio para Holanda. Provavelmente, Hamburgo na Alemanha seria seu destino final, cidade natal de Claus.

Dharma ficara preocupada com a amiga, pois o ex-namorado, agora companheiro de viagem de "O", não parecia ser uma boa companhia naquele momento. Temia pela ingênua garota que tinha um coração de ouro e era delicada demais para se opor às atitudes inconseqüentes de Claus.

Saíram da escola, Dharma queria visitar uns amigos em Portobello Marcket, um mercado aberto de antiguidades, onde alguns colegas vendiam bijuterias.

Em meia hora já estavam andando por aquela interminável rua, repleta de mercadorias e pessoas. Cumprimentavam velhos conhecidos e divertiam-se observando as coisas exóticas espostas à venda naquele gigantesco brechó. O pior é que sempre aparecia alguém interessado nas peculiaridades penduradas pelas bancas como: máscaras de gás da 1ª Guerra, ou, um velho pinico de bronze da era Vitoriana, "amassado e manchado provavelmente pelo nobre xixi de algum fidalgo da corte".

Pararam na esquina, numa mal cuidada *Chippie*, um tipo de lanchonete exclusivamente britânica. Pegaram seus cones de papel com peixe e batatas, fritos e borrifados com vinagre. Um prato típico inglês, *Fish & Chips*, deliciosamente "baratos". Foram comer sentados sobre o batente numa rua que cruzava a Portobello.

Na mente de Dharma os pensamentos faziam-a inquieta. Van não lhe contava muito a seu respeito. Quando indagou sobre o professor conhecê-lo, ele respondeu apenas que sim: "de outros tempos". Parecia ser alguém muito ligado ao agora, não gostava de recordar, vivia para frente. "O que mais poderia esconder aquele homem extraordinário". Pensava, "uma família talvez?" Gelou com a possibilidade. Deveras, se conheciam há pouco tempo. É claro que ambos ainda descobririam um mundo de qualidades um no outro, e, defeitos também.

Um músico se apresentava na esquina sobre a calçada. Uma multidão o rodeava para vê-lo tocar um estranho instrumento. Um enorme tronco oco que ele soprava extraindo sons exóticos, graves e primitivos.

— É um *Digeridoo*, — Informou Van. — É aborígine. Os nativos da Austrália o fazem de um tipo de Eucalipto. Um verme guloso se encarrega de perfurar o interior do tronco, tornando-o oco.

Van continuou falando sobre o continente australiano, Dharma ouvia com atenção. Imaginava os lugares e pessoas, como se ela mesma as tivesse conhecido.

Quando o músico acabou, a platéia agradecida atirou moedas em seu chapéu, que se encontrava estrategicamente localizado à espera das contribuições. O casal levantou-se trocou algumas palavras com o mestiço de feições grotescas, quase primitivas, com a pele escura, mas o cabelo loiro e liso. Era filho de uma aborígine australiana com um fazendeiro inglês. Este deixara-lhe como herança apenas a cor dos cabelos. Saíram deixando seus trocados pelo show.

A tarde estava no fim, o movimento das ruas só aumentava. Consumistas de fim de semana transitavam com seus pacotes e sacolas de uma loja para outra, da West End até Piccadilly Circus, uma verdadeira Meca do consumo. Os turistas ocupavam o que sobrava do espaço nas calçadas, e é claro, aproveitavam para gastar um pouco também.

Esse cenário urbano era perfeito para os mais diversos artistas de rua mostrarem seus prodígios em troca de trocados. "De *pence* em *pence* se compra um reino". Um dito popular. Muitos nem se importavam com o ganho. Sentir o prazer dos aplausos ou elogios, já era um bom pagamento. Mas como nem só de aplausos vive o artista, Dharma trabalhava concentrada em seus retratos.

Van a observava esboçar o rosto de uma senhora. "Sua técnica é boa..." refletia o mestre, olhando a precisão dos traços e a segurança nos gestos de sua garota. Ela usava a mesma técnica que ele tinha desenvolvido: máscaras e pincéis, misturando pigmentos secos com um pouco de tinta acrílica pastosa.

Um pouco mais de sombra aqui... Mais profundo ali... — Tentava instrui-la, falando-lhe ao ouvido, para não chamar a atenção dos clientes. Aos poucos foi acumulando gente para ver o retrato. Mesmo naquela praça cheia de artistas, pintando e desenhando, Dharma chamava a atenção com a delicadeza e fidelidade ao rosto que retratava. Contudo, naquele dia em especial, primava como nunca em sua arte. Talvez estivesse inspirada. O amor enche-nos de entusiasmo, melhora-nos em tudo. E, evidentemente, as dicas que Van soprava-lhe, contribuíam indiscutivelmente na obra.

A pessoas amontoavam-se para vê-la trabalhando, não demorou muito, os outros artistas pararam o que estavam fazendo, para apreciarem um pouco a colega trabalhar sob as orientações de Van, que já era uma figura conhecida e admirada por muitos.

Dharma começou ficar um pouco incomodada, nunca tivera tanta gente às suas costas. Mas principalmente, estava um tanto constrangida com a forma com que o companheiro, agora empolgado, orientava-lhe em público, na frente de seus clientes. Ele já não se contentava em sussurrar-lhe, conduzia sua mão em algumas pinceladas, criticava-lhe um traço mais descuidado. Ela tentou relevar, talvez ele não estivesse reparando seu embaraço, em fim, a concentração da artista perde-se, sua paciência também.

— Por favor, querido... Deixe-me trabalhar sozinha! — Falou baixinho e em português. Não queria que os outros entendessem, apenas o poliglota impertinente que se revelara o namorado.

— Sinto muito. — Respondeu Van, um pouco sentido com a repreensão. — Queria apenas ajudar...

Dharma continuou o retrato em silêncio. "Talvez tivesse sido um tanto dura." Não era intenção, já não conseguia concentrar-se no acabamento. Olhou em volta, não avistou Van, assinou o desenho prematuramente, deu-lhe uma mão de verniz spray, enrolou-o em tubo e entregou à senhora a sua frente. Esta sacou da bolsa, trinta libras para o pagamento. Dharma recusou, apressando-se em levantar e procurar o namorado.

— Esse é grátis madame, "o primeiro da noite", obrigada.

A cliente insistiu, colocando o dinheiro no estojo da artista. Para ela, uma leiga, o retrato ficara perfeito, "a moça merecia cada centavo." Tem coisas na índole dos anglo-saxões, que deixam a nós latinos, sensibilizados e por que não: inspirados! Talvez essa honestidade idílica, seja uma delas. Coisas como: a falta de cobradores nos ônibus e trens, pois confiam que o usuário pagará pelo serviço. A inexigibilidade de carteira de identidade, pois se confia na palavra da pessoa. A simples devolução de coisas perdidas ou esquecidas que são deixadas em lugares visíveis ou entregues aos achados & perdidos, confiando-se que voltaram para seus legítimos donos. Confia-se... Confia-se...

Dharma andou em volta das pranchetas, a procura de Van entre os colegas. Não conseguiu avistá-lo, voltou ao trabalho.

UNDERGROUND

A estação de Piccadilly é interessante. Sua forma circular facilita o fluir incessante dos usuários do metrô. Estava lotada, Kácio e Maria, olhavam cartazes dos musicais nas paredes, pretendiam assistir o Cats ou O Fantasma da Ópera. Comentavam sobre o engraçado saxofonista vestido de Papai Noel e seu companheiro dançarino, fantasiado de rena, "veadinho", insistia Kácio. Juntos protagonizavam um animado show junto à escada rolante na saída do trem, até a chegada dos guardas para retirá-los. O engraçado era que mal os guardas davam as costas, e lá estavam aquelas duas figuras natalinas de novo, divertindo as pessoas e ganhando seus trocados.

Subiram para a avenida, saindo numa pequena praça com uma fonte. Deram de cara a o um dos mais conhecidos cartões postais da cidade, que eram aquelas fachadas iluminadas sobre as lojas da esquina em Piccadilly Circus. A fonte estava lotada de turistas em seus degraus. Uns pousando para a clássica foto. Outros esperando alguém ou descansando naquele famoso ponto de encontro no coração da capital.

O clima era festivo, realmente se assemelhava a um grande circo a céu aberto: palhaços, malabaristas e músicos de todos os tipos e gostos musicais. Alguns até com sua própria aparelhagem de som, improvisada em carrinhos de mão, no que poderia se chamar de trio elétrico de um homem só.

Os namorados andavam devagar, apreciando com calma as atrações nas ruas movimentadas. Infelizmente nunca se podia ter moedas suficiente para tantos artistas. Os dois limitavam-se à aplaudir alegremente o que viam.

Era noite. Jantaram alguns petiscos chineses no Soho, um bairro oriental, cheio de lojas e restaurantes típicos. Entraram por um beco repleto de *sex shopps* e casas de *striptease*. Divertiram-se olhando os "brinquedinhos" eróticos, nas pequenas e excitantes lojinhas.

Desceram a rua até Leiceste Square, logo na entrada da praça, a sensação que se tinha era de um enorme ateliê, pelo menos uns cinqüenta artistas, com seus cavaletes ou pranchetas, dedicavam-se principalmente a retratar os transeuntes. A maioria pintava retratos na hora, ou pegava fotos dos clientes para encomendas mais laboriosas. Outros expunham alguns quadros ou faziam caricaturas.

Kácio e Maria deram a volta, à procura de Dharma, tinham combinado de encontrar-se ali. Seguiam apreciando a plasticidade das obras. Era interessante notar as diferentes técnicas e estilos. Uma boa parte dos artistas apresentava qualidade satisfatória outros nem tanto. Uns poucos eram realmente bons, Dharma poderia incluir-se entre esses.

Maria avistou Dharma, aproximaram-se e ficaram parados a seu lado, observando a moça retratar um simpático casal de franceses. Ela estava em seus retoques finais, notou a presença do primo com a namorada, cumprimentou-os rapidamente, sem desviar a atenção do trabalho.

Ao terminar o retrato, Dharma virou-se para conversar.

— Olá meus queridos! Que tal o seu dia?

— Ótimo! Respondeu Kácio. — Londres é tudo que pensei e mais um pouco. Andamos o dia inteiro, vimos lugares incríveis! As pessoas... As ruas... Seguia Kácio descrevendo entusiasmadamente seu primeiro dia na capital inglesa. Maria se limitava a confirmar o que o deslumbrado rapaz relatava.

— Onde está o Van? — Perguntou Maria notando Dharma meio dispersa olhando em volta.

— Não sei, estava ao meu lado, depois sumiu. — Disse querendo fazer-se de despreocupada, não convenceu.

— Quer que a gente de uma olhadinha por aí?

— Vamos os três, eu já acabei por hoje, estou exausta, devo ter feito uma dúzia de retratos! Vamos dar uma volta pela redondeza, talvez esbarremos com o Van.

Estavam os dois, Van e *lady* Charlotte Willson, sentados à mesa, num charmoso café, que servia os fregueses na calçada. Apreciavam o movimento das ruas. O casal destoava um pouco. Van com seu estilo tão básico, quase desleixado, se não fosse o fino chapéu de feltro italiano, que hora, repousava deselegantemente sobre a mesa. Charlotte, não parecia importar-se com a descontração do velho amigo. Porém, uma lady com um sofisticado traje de noite, casaco de Visom e reluzentes jóias, saltava à vista como um cisne entre gansos.

Do outro lado da rua, Dharma e seus companheiros, não puderam deixar de notar a elegante senhora, que atraia os olhares dos passantes com seus gestos finos, ao se despedir com um terno beijo na pessoa que a acompanhava.

— É o Van! — Exclamou Kácio, virando-se para a prima.

— É, e daí? Vamos até lá. — Dharma tentou esconder sua surpresa, suas orelhas esquentaram, mas engoliu o ciúme.

Atravessaram a rua e foram aproximando-se, a tempo de ver o motorista uniformizado, fechar a porta da limusine e partir com a nobre dama.

— Quem era? — Perguntou Dharma, ao mesmo tempo em que abraçava o namorado. Contendo-se num sorriso forçado, tentava dar uma certa naturalidade à pergunta.

Van ficou surpreso com a repentina aparição dos amigos. Porém não se demonstrou encabulado com a questão.

— Lady Charlotte? Uma velha amiga e cliente. Soube que eu estava na cidade. Quer que eu faça uma pequena restauração em um retrato.

— Bonita e elegante a sua amiga! — Disse Maria.

— Charlotte é adorável. Ela estava a caminho de um jantar no Buckinghan Palace. Há muito não nos víamos. Não estranhem seus trajes de noite, normalmente suas roupas são mais recatadas, é que ela tinha um encontro com a nobreza. — Disse o velho artista, tentando ser engraçado.

— Ela parecia bem mais amiga do que cliente. — Alfinetou Dharma.

— E é... — Respondeu Van, num sorriso displicente enquanto tomava a mão da brasileira indicando o caminho com um gesto, para que deixassem o café juntos. Enquanto caminhavam ele continuou explicando que saíra para dar alguns telefonemas, quando encontrou o motorista da *lady*. Notava uma certa seriedade no olhar de Dharma, como o de quem tem uma pulga atrás da orelha. Não quis dar maior importância.

Dharma continuava com a imagem da bela senhora na cabeça. "Essas granfinas não costumam sair beijando assim fácil". Matutava em seu pensamento.

— Ah! Já ia esquecendo: vocês estão convidados a acompanharem-me à casa de campo de Charlotte em Salesbury amanhã. Enquanto trabalho, podem conhecer os arredores. Stonehange fica bem perto e é um lugar imperdível, muito místico e curioso.

— Parece genial! — Adiantou-se Kácio.

— Que gentileza dela! — Ironizou Dharma discretamente em português.

— Você vai adorar a mansão meu bem, — Van ignorou ou não entendeu o teor da frase. — Ela possui obras de arte raríssimas.

Continuaram caminhando, saindo da praça por um beco estreito. Van continuava a falar sobre a amiga inglesa, que era de uma família nobre e importante da corte britânica. Conheciam-se desde os tempos de escola, em Paris. Não comentou nada sobre o beijo ou a aparente intimidade que compartilhavam. Notou que Dharma ficara um tanto incomodada e gostou. "Um pouquinho de tempero!" Brincou em relação aos sentimentos da garota.

Depois de entrarem e saírem de uma meia dúzia de ruelas

espremidas chegaram na porta de um pequeno e movimentado *pub*. Não tinha nem um letreiro com o nome do lugar, apenas uma plaqueta pendurada com a palavra *OPEN*. Na verdade era este, o nome do bar: Open, apenas uma curiosidade do humor inglês. Kácio se divertiu imaginando quando o bar fechava. "Deviam colocar uma outra placa de: *CLOSED*, do lado da: *OPEN*, ai as pessoas nunca sabiam se o bar estava funcionando ou não.

O "Open" estava lotado, uma névoa densa pairava sobre as cabeças dos nicotinados freqüentadores. Uma banda de Jazz, com instrumentos acústicos dava o ritmo solto que embalava conversas e gargalhadas.

Não havia mesa disponível, acomodarem-se junto ao balcão. O *barman* trouxe quatro *pints of lager*, uma cerveja clara em copos de meio litro. Van pagou com algumas moedas. Alguns casais mais animados pelo som ou pela cerveja dançavam desajeitados entre as mesas. Kácio adorou o ambiente. Em poucos minutos já ensaiava alguns passos, abraçado a sua acanhada *partner*, Maria.

Dharma desencutira um pouco, seu sorriso já parecia bem mais natural. Ela falava a Van sobre os clientes que desenhara e a boa soma que conseguira com o trabalho. Ele apenas ouvia, dando-lhe toda a atenção, olhando em seus olhos com uma ternura que a fazia sentir-se cada vez melhor.

— Desculpe-me se fui mal agradecida lá na praça. Você realmente me deu ótimas dicas... E eu apenas me preocupei com as pessoas me olhando... Fui tola...

— Não! Eu é que me desculpo, você tinha suas razões. Uma boa artista zela pela sua imagem, tanto quanto pela imagem que está esboçando.

A noite transcorria gostosa, regada à muita cerveja e música. Às onze em ponto, como em todo *pub* na Inglaterra, os fregueses foram literalmente postos para fora do estabelecimento. Tudo, é claro, com a maior educação, mas firmemente e sem exceções. É uma lei arcaica e estúpida, que desagrada até os próprios ingleses. Contudo, as autoridades insistem tentando desincentivar as bebedeiras madrugada adentro.

Já na calçada, Kácio às gargalhadas comentava, que um minuto antes das onze, estranhou ver os mais afoitos, entornarem copos e mais copos num quase desespero. "Parecia que o mundo ia acabar!" E para os sedentos freqüentadores de *Pubs*, acabava mesmo! Todos os dias às onze em ponto.

Maria queria dançar na noite. Perto dali, os *Night Clubs* abriam suas portas para os boêmios, "com o aval da lei!" O que era paradoxal, pois também vendiam bebidas.

Van explicou a Kácio que deveria descer a rua até Trafalgar quando quisessem ir embora. De lá partiam os Night Buses. O metrô parava à meia noite junto com os ônibus. Os táxis eram caros e raros na madrugada.

Era tarde quando Dharma e Van entraram no Holland Park. Ela estava encantada com ele, tão atencioso, romântico. Declamara-lhe poemas em dinamarquês. Embora não entendesse, pensou sentir as palavras... a sonoridade, a métrica, pareciam expressar pela aquela voz masculina, uma paixão madura e estérea, que só poderia vir daquele homem tão especial.

Namoravam num banco junto ao poste, as mariposas rondavam a fraca luminária, alguns grilos menos frientos, tocavam sua sinfonia noturna para o casal. Van acariciava-a e a beijava, ela retribuía com a cabeça em seu colo, alisando seus cabelos. Estavam zonzos pela cerveja, seus carinhos intensificavam-se. Dharma sugeriu um outro banco, afastado do poste, das luzes... Ela estava excitada. De repente Van levantou-se, quis entrar no albergue.

— Vamos minha querida, já é tarde e está frio! Teremos um longo dia em Salesbury. — Ele procurou ser tão carinhoso quanto possível, mas ficou evidente que tratava-se de uma desculpa. Não era a primeira vez que ele tentava se esquivar de um contato mais íntimo.

— O que foi, não se sente atraído por mim? — Perguntou Dharma um tanto chateada.

— Não é nada disso! — Van ficou visivelmente constrangido. — Eu quero apenas dormir! — Deixou transparecer uma certa irritação com a pergunta. — Você vem?

Dharma preferiu não discutir, a noite tinha sido maravilhosa até ali, preferia dormir com essa lembrança. Mas tinha algo errado e ela iria descobrir cedo ou tarde.

Tomaram o trem muito cedo, Kácio e Maria estavam sonolentos, a madrugada fora cansativa, mas divertida. Salesbury ficava a menos de duas horas de Londres, eles chegariam na estação antes das nove.

Dharma estava pensativa, não dormira muito bem. Foi difícil relaxar a mente e o "corpo", depois do parque. Ela rabiscava alguma coisa na capa do guia Formmer's. Kácio o havia comprado seguindo as orientações de Van. Ela se apossou do livro e começou utilizá-lo também como uma espécie de diário onde podia anotar as coisas mais interessantes que lhe aconteciam na estrada e dicas para as próximas viagens. Para isso utilizava cada espaço em branco que achasse nas páginas. Às vezes ela fazia anotações em pequenos folhetos e até guardanapos de papel, os quais anexava ao livro.

Enquanto se afastavam da cidade, Van indicava lugares pela janela e fazia comentários para Kácio. Maria adormecera encostada no ombro do namorado.

Hora ou outra, Van chamava a atenção de Dharma para algum detalhe do caminho. Ela apenas sorria, mas não demonstrava maior interesse.

O motorista de Lady Charlotte aguardava-os na saída da estação para conduzi-los à mansão. Kácio e Maria compraram os *tickets* para o ônibus de Stonehenge. Era uma excursão rápida, bem próximo da cidade. Mais tarde o motorista retornaria para buscá-los.

Dharma preferiu ficar com Van. Em parte porque queria vêlo trabalhar, mas também não queria facilitar para a tal Charlotte.

Não estavam na mesma limusine que a lady usara na noite anterior. Contudo, era um carro luxuoso e confortável. Um BMW preto, com bancos de couro, telefone e frigobar. Mal haviam começado a rodar, Van pediu que o motorista parasse. Pareceu conhecê-lo, pois o chamou pelo nome: Franz, talvez fosse alemão.

— Venha minha querida, quero mostrar-lhe algo.

Van tomou a mão de Dharma, e a conduziu por uma pequena rua de pedras com casinhas antigas. Andaram uns cinqüenta metros, passando por baixo de um arco com portões e um lindo brasão real, que lhes dava acesso a uma pequena praça e um vasto gramado à frente.

— Veja que linda! — Van apontava para a catedral de Salesbury. Uma bela igreja de arquitetura monumental, do final da idade média. Suas torres muito bem trabalhadas eram bem altas, mas principalmente, o lugar que continha a catedral, esse, era magnífico! Um enorme e bem cuidado gramado, circundado por um majestoso bosque, com grandes árvores.

Entraram pela porta lateral, uma roseta gigante, com seus vitrais coloridos, filtrava a luz do sol num espetáculo de cores que beirava o celestial. Seguiram caminhando por entre os bancos de madeira e o que pareceu a Dharma: túmulos.

— Isso mesmo Dharma: cavaleiros, *ladies*, pessoas que se destacaram na nobreza, tem seu descanso final aqui. — Disse-lhe Van.

Eram mais que túmulos. Esculturas talhadas no mármore e outras pedras com muito esmero, imortalizavam seus ocupantes, reproduzindo suas fisionomias e corpos, numa expressão artística de beleza mórbida.

Junto aos túmulos, pequenas placas com inscrições sobre as vidas dos sepultados, davam relatos épicos sobre a história do reino. Dharma lia as inscrições e fazia comentários com Van sobre as vidas daquelas pessoas, sobre como poderiam ter sido. Ela gostava dessas coisas e o Dinamarquês sabia disso.

— Leia essa. — Disse Van apontando para um túmulo branco de mármore, com uma escultura de uma jovem graciosa, deitada em seu sono sepulcral: *Lady* Anne.

A placa falava que a moça morrera de parto, e deixara seu jovem marido, um irmão do rei Jorge, viúvo e triste.

— Era uma linda mulher... Cheia de vida, inteligente e muito talentosa. Pintava... — Dizia Van.

— Como sabe? — Perguntou incrédula.

— Charlotte contou-me: é sua ancestral.

Dharma fechou a cara, "por que ele está mostrando-me sua fascinação pela outra?" Pensou nervosa.

— Trouxe você aqui para dizer-lhe que conheço Charlotte há trinta anos. Gosto muito dela, mas nunca a amei e não vou começar agora. Desarme seu coração, não quero você triste ou preocupada. Minha vida é uma lista interminável de amigos e amigas. Porém, ninguém nunca me tocou tão rápido e profundo como você.

Ela o beijou, ficaram abraçados por um longo tempo. Dharma sentiu-se tola e infantil com os pensamentos que acabara de ter. Tinha entendido a lição e ficou feliz.

Franz os esperava na rua com o carro funcionando. Contornaram o bosque e seguiram reto até deixarem a cidade. A casa ficava à poucos quilômetros numa pequena planície junto ao rio.

Jardins belíssimos cercavam a residência, mas poucas flores abriam-se para o raquítico sol naquela fria manhã de outono. Lady Charlotte brincava com seus galgos no pátio.

— [1]*Oh darling*... Você deve ser a adorável Dharma! — A senhora era muito refinada, mesmo em seus trajes matinais: Pijama, meões de lã escocesa, e pantufas de pele de coelho. Parecia saída de algum filme romântico da burguesia dos anos cinqüenta. Sobre o pijama, um longo roupão de flanela com acabamentos em cetim dava-lhe esse aspecto cinematográfico, com sua gola em pele de raposa do Ártico. Coisa que chocaria com certeza, qualquer ativista do Greem Peace.

— Lady Charlotte... — Reverenciou-lhe Dharma.

— Só Charlotte meu anjo! Os amigos do Íve são também meus amigos... Isso é, as namoradas dele são... Ou não! Desculpe-me, eu sempre me confundo nos primeiros encontros. — (risos) — sinta-se em casa. — Van explicou-lhe que na Escola de Belas Artes de Paris, onde ele e Charlotte estudaram juntos, era conhecido como Íve pelos colegas.

Charlotte era confusamente engraçada, embora seus gestos demonstrassem uma educação rígida, suas palavras revelavam uma pessoa relaxada, com uma descontração nada britânica. Dharma gostou dela.

Entraram na casa, era ricamente mobiliada e muito grande. Os retratos dos antepassados de Charlotte estavam espalhados pelas paredes e juntos à escada. Foram direto para o ateliê, uma sala ampla e bem iluminada, que dava para os jardins dos fundos.

O retrato danificado, o qual Van viera restaurar, era do finado marido da *lady*. Um dos criados o tinha arranhado por acidente ao tentar limpá-lo.

[1] *Oh querida...*

Dharma estranhou um pouco o fato de haver vasto material artístico à espera de Van. Perguntou se Charlotte pintava, ela respondeu que não. O material pertencia a Van, ele costumava passar alguns invernos naquela casa, pintando. Uma pontinha de ciúmes fez Dharma morder o lábio, mas ela relevou. Estava mais segura desde a igreja.

Van pôs-se a trabalhar. Era um óleo sobre tela, o dano era pequeno. Uma ranhura que cruzava pelo pescoço da imagem retratada, terminando sobre o fundo que era a representação dos jardins da casa. Mesmo sendo superficial, exigiria do pintor muita perícia, principalmente na escolha das cores para que os retoques ficassem imperceptíveis.

Dharma acompanhava com atenção o trabalho do pintor. Desde a mistura das cores na paleta, até as pinceladas seguras de quem era mestre no que fazia. Vez ou outra trocavam olhares e sorrisos, mas nada falavam.

— Dharma, doçura! Acompanha-me numa xícara de chá? — Convidou a anfitriã, ao que a moça assentiu.

Saíram para o jardim, de onde ainda podiam assistir, pela vidraça, o pintor em seu ofício. Fora, uma mesa preparada, sortida de guloseimas as aguardava. O mordomo, formalmente vestido, serviu-lhes chá quente em lindas xícaras indianas pintadas à mão. Dharma sentia-se pouco à vontade em meio a tanta finesse, mas encarava com bom humor e curiosidade aquele modo pomposo de viver.

— Desculpe Charlotte, sua vida é sempre assim, tão formal, cercada de empregados? — Ela não perguntou como crítica, apenas estava curiosa, era a primeira vez que conhecia uma "nobre".

— Não se desculpe minha flor. — A *lady* fez um gesto com a cabeça agradecendo e dispensando o mordomo. — É natural que você estranhe um pouco. São coisas que acabamos nos acostumando e que são necessárias numa classe social tão complexa como a minha. Mas não se engane, chamo pelo primeiro nome, cada pessoa que trabalha para mim. Conheço suas famílias, vou aos aniversários de seus filhos e etc... A maioria está nessa casa desde gerações, são felizes e ganham mais aqui do que poderiam ganhar na cidade. Na minha juventude quando herdei a propriedade, ganhei também o compromisso social de manter seus empregos.

Charlotte seguiu contando sua história. Quando jovem, rebelara-se contra as convenções e etiquetas sociais, fugira de casa para a América, onde viveu por anos como uma simples plebéia, "hippie", diga-se de passagem. Vivera os anos sessenta a setenta com toda a intensidade que pudera: drogas, sexo e concertos de rock... Quando cansou, voltou para casa. Depois veio o casamento arranjado pelos pais e a inevitável acomodação com a vida fácil da corte.

— Hoje sinto-me um pouco velha, solitária... Talvez por isso, me cerque de tantos serviçais.

Dharma se interessava pela conversa, ficou constrangida com seus pensamentos, pelo julgamento antecipado que fizera da rica senhora. Charlotte, mesmo com aquele jeito tão granfino, parecia sincera e amigável.

— Não devíamos convidar o Van para nos acompanhar no chá? — Perguntou Dharma, olhando para o namorado no interior do ateliê.

— Não minha querida, ele não gosta de ser interrompido no trabalho. Você o conhece...Sempre tão concentrado... Um homem maravilhoso, mas tão limitado nos relacionamentos... Principalmente a respeito de nós, mulheres.

— A senhora parece conhecê-lo bem... — Comentou Dharma com uma pitada de ironia. Era difícil não se sentir ameaçada pela aquela dama tão sofisticada, que mesmo nas alturas de seus cinqüenta anos, ainda esbanjava uma beleza capaz de seduzir homens de qualquer idade.

— Na verdade sim doçura, nos conhecemos bem, eu e Íve. Já fomos muito unidos, até íntimos... — Falou Charlotte com risinhos maliciosos. As orelhas de Dharma esquentaram. — Ele foi meu primeiro amor. Mas isso foi há muito tempo... Não se preocupe jamais meu amor foi correspondido. No coração daquele dinamarquês errante, só tem espaço para a arte e a estrada. Só agora parece que surgiu um cantinho para um terceiro amor, que parece ser você. Os olhos dele brilham quando fala da menina brasileira que conheceu. — A voz de Charlotte tinha um "que" de inveja, mas seus olhos mostravam a dignidade da resignação.

Foram interrompidas pelo mordomo que avisou sobre a chegada dos outros convidados.

— Venha minha frutinha dos trópicos, são seus companheiros, acabam de chegar de Stonehange. — Charlotte a pegou pela mão, era carinhosa, quase maternal com a namorada de seu melhor "amigo".

Kácio falava sobre seu passeio ao sítio arqueológico de Stonehange. Mesmo para ele, que não se interessava por arqueologia nem coisas do gênero, tal monumento não passara desapercebido. Divertira-se no passeio. Claro que com Maria ao seu lado, até um velório poderia ter lá os seus encantos.

Não obstante, Stonehange era uma obra intrigante por suas peculiaridades. A forma circular como estavam dispostas as rochas, seus tamanhos diferentes conforme a distância do centro. É uma construção pré-histórica, executada em fases distintas, sempre ampliada pela geração posterior. Acredita-se que funcionava como observatório astronômico prevendo as melhores épocas para o plantio e colheita.

Outros vêem na sua forma circular, uma gigante mandala onde se faziam rituais místicos religiosos, sacrifício de virgens ou coisas ainda mais estranhas.

— Maria ia escutando as explicações dos estudiosos, no pequeno gravador que recebemos na entrada. Eu tirava fotografias. — Relatava Kácio.

— Eles dizem que os pastores da região conhecem várias lendas acerca dos mistérios do lugar. — Lembrou Maria.

— A maioria pura besteira! — Van acabava de entrar na sala. — Mas alguns são bem verossímeis. O problema é que atualmente, o lugar perdeu muito de sua atmosfera mística com as cercas, roletas e os tais gravadores. Noutros tempos podia-se andar por entre as rochas colossais, sentir as vibrações, a energia que emana daquele templo a céu aberto. Hoje, só são permitidas as fotos e de longe. Nem os pastores que contavam suas histórias a troco de alguns *pences*, não aparecem mais.

— Eu gostaria de ter conhecido tal época... Sentir essas energias...— Dharma pensou alto.

Charlotte olhou para Van, os outros notaram um certo mistério naquele olhar, mas apenas Van entendeu.

Então hoje é um dia propício? — Perguntou à lady, que apenas acenou com a cabeça dizendo que sim. — Fomos agraciados pelo destino... — Ele sorriu pensativo e pôs-se a falar para os companheiros que não se agüentavam de curiosidade.

Tratava-se de um ritual místico, que um grupo de amigos, costumava celebrar em Stonehange, na lua nova do solstício de inverno. Embora todos fossem membros de uma escola iniciática muito conhecida, cujo símbolo é uma cruz com uma rosa ao centro. Tal reunião, na verdade um ritual pagão, era um culto particular da região. Uma tradição herdada de seus ancestrais Druidas, preservada e mantida em segredo pelos esotéricos do local.

— Infelizmente só podemos levar um "leigo", ou seja, um visitante... — Disse Charlotte olhando para Kácio e Maria, que entenderam que seria Dharma a escolhida. — Desculpem, mas é a tradição...

— Não se preocupem conosco. — Disse Maria abraçada a Kácio. — Já tivemos nossa dose de ruínas por hoje.

Kácio também não fez questão. Nunca foi muito chegado ao misticismo. Dharma por sua vez, mostrava-se sempre interessada naqueles assuntos. Embora fosse um tanto cética, sua alma de artista, impelia-a na busca pela essência das coisas, a beleza que se esconde e dá vida a tudo.

Kácio e Maria já tinham seus planos para a noite: Deleitar-se-iam com o conforto da rica mansão. Pretendiam espreguiçar sobre o felpudo tapete na sala, aquecidos pela lareira de mármore e apreciar um bom vinho da adega particular da anfitriã. "Não é todo dia que se pode curtir uma vida de rei!" Pensou Kácio.

O almoço foi servido às doze em ponto. Um verdadeiro banquete, com vários tipos de carnes, massas e vegetais. Mas apenas para duas pessoas: Kácio e Maria. Os outros se recolheram a seus aposentos. Fariam jejum, limpezas astrais e meditações pelo resto do dia, preparando-se para a cerimônia que começaria depois da meia noite.

Dharma seguia todas as instruções que Charlotte lhe passara. Ficara de molho por horas, num relaxante banho com ervas especiais, que lhe foi preparado por uma velha criada. Esta parecia mais com uma bruxa. Seus olhos negros, seu nariz torto e grande, e aquela pele enrugada que lhe imputava uns duzentos anos pelo menos ou o que valha.

Não deveria vestir-se. Roupas especiais seriam-lhe entregues mais tarde junto com um misterioso chá, o qual deveria tomar de um só gole, obedecendo um certo ritual.

Depois do banho quente sentiu-se mole, sonolenta. Deitou-se na confortável cama de Carvalho Nobre, ricamente entalhada com motivos florais, e embora estivesse com um pouco de frio não fez uso dos cobertores, mais uma das orientações que deveria obedecer.

Ficou pensando na vida, seus planos e viagens para o futuro. Mas agora era tudo diferente, pois não podia pensar em nada que não incluísse Van. Lembrou-se de seu guru, um simpático velhinho que conhecera na escola de yoga em West Hampested, um bairro que morou no subúrbio de Londres. Ele sempre repetia que na vida tudo era Karma. "Devemos nos desapegar das coisas e das pessoas!" Dizia... "O apego gera expectativa e ansiedade... Tudo Karma! Tudo Karma!" Ela recordava cada palavra. Mas e o amor? O que sentia por aquele artista estrangeiro de meia idade, era tão forte... Ela mal o conhecia, contudo era como se sempre estivessem estado juntos.

Lembrou de um detalhe de quando conhecera Van. Ele perguntara quando ela lhe sobrepôs o casaco: "É você?" Disse antes de serem interrompidos pelo Claus. O que queria dizer com aquilo? Era como se já se conhecessem... Como se estivessem predestinados...

A velha entrou silenciosamente no quarto, Dharma tinha adormecido. Tocou-lhe o braço levemente, para que despertasse sem susto. Falou-lhe baixinho quase sussurrando:

— Primeiro a roupa, depois o chá. — A criada apontava para uma longa túnica branca com capuz, e sete botões de madeira avermelhada, entalhados com estranhos desenhos que lembravam flores ou estrelas estilizadas. A pouca luminosidade do quarto, apenas uma vela num castiçal de prata, não ajudava muito na apreciação dos botões.

A criada pôs uma grande xícara com um líquido escuro sobre a mezinha de cabeceira junto a vela. Antes de sair disse que deveria aguardar até que viessem buscá-la.

Dharma vestiu a túnica. Sentiu-se meio despida, não deveria trajar nada além dela, segundo as instruções. "Espero que não faça muito frio!" Falou comsigo mesma enquanto se ajoelhava e pegava a xícara. Deveria mentalizar coisas positivas e entornar seu conteúdo de uma só vez.

O gosto foi horrível! Parecia de terra ou raízes misturadas com ferrugem. Alcalino como sangue, "sangue?" Ocorreu-lhe a idéia, balançou a cabeça de nojo. Não queria nem pensar.

Ao levantar-se sentiu-se subitamente tonta, uma vertigem turvou-lhe a vista, decidiu sentar para não cair. Um calor subiu-lhe pelo corpo, ela ficou com medo. "Fui drogada?" Logo a tontura foi passando, ela sentiu-se melhor. Mas ainda tinha a vista um tanto alterada, e sentia calor. Bateram na porta. Era Van, vestido numa túnica semelhante, porém preta.

— Você esta bem? Não se preocupe, a vertigem passa já. O chá é inofensivo, são apenas fungos da floresta. Uns cogumelos mágicos! — Brincou. — É para aguçar nossos sentidos, elevar nossa consciência para um nível mais receptível. Vamos, está na hora.

— Receptível a que? — Perguntava Dharma enquanto o seguia pelos corredores mau iluminados da mansão. — Sinto-me entorpecida... O que vamos fazer lá? O que...

— Sem perguntas. Apenas mantenha a mente aberta... — Van a conduzia em silêncio. Lá fora, Franz já os aguardava num grande furgão lotado com pessoas vestidas da mesma forma e também caladas.

O céu estava sombrio. Algumas nuvens pesadas contribuíam para escuridão silenciosa da pradaria. Uma fina neblina caía por sobre as rochas nas ruínas dando um clima tenebroso à cena. Dharma lembrou de histórias sobre sacrifícios e virgens.

— Olha, de virgem em mim: nem o signo! — Brincou tentando descontrair-se.

Van fez um gesto de silêncio com o dedo selando os lábios. Aproveitou para beijá-lo e transmitir o beijo a Dharma, tocando-lhe os lábios com o mesmo dedo. Ela gostou do gesto. "Que bom que ele continua carinhoso mesmo com essa roupa de mago". Pensou a garota.

Enquanto aguardavam a chegada de todos, Van conversava ao pé do ouvido com a namorada. Aproveitava para falar-lhe sobre detalhes do lugar e o grupo do qual estavam participando naquela noite.

Stonehenge era um lugar público, administrado pela World Heritage, uma instituição Britânica que cuidava de vários monumentos arqueológicos pelo Reino Unido. Afortunadamente, *Lady* Charlotte e mais alguns amigos ricos, eram reconhecidos por suas volumosas contribuições em dinheiro, nos projetos de conservação e estudo do sítio arqueológico. Isso lhes garantia uma certa liberdade de visitas especiais ao complexo. Embora, o acordo fosse informal, algo assim como uma "vista grossa" para a presença daquele grupo excêntrico nas brumas obscuras daquele templo milenar.

As pessoas foram chegando e tomando posição. Uma grande roda foi formando-se em volta das Bluestones, as rochas menores ao centro do sítio, com as Sarsen, os gigantescos monólitos às costas. Não eram muitos, em torno de vinte e poucos homens e mulheres. Estavam agora parados, em silêncio, a maioria portava pequenos lampiões que iluminavam pouco, fazendo as sombras se projetarem nas rochas. Um homem foi ao centro e acendeu três tochas compridas, cravando-as no solo e formando um triângulo com uma pequena rocha tombada no meio, servindo aparentemente de mesa ritual.

Todos baixaram seus capuzes. Uma mulher idosa aproximou-se do centro com uma cesta de palha nas mãos. Dharma reconheceu a criada da mansão. Ela entoava uma cantiga bonita, suave, num inglês arcaico que era muito difícil de se entender. Dançava rodopiando em volta das tochas. De vez em quando, pegava na cesta que carregava, um punhado de pequenas florinhas secas e as atirava sobre a rocha no centro. Logo depois jogava sobre uma das tochas, um pó que fazia as chamas se inflamarem num clarão violeta muito bonito. Ao que as pessoas aplaudiam sorrindo e repetindo em coro: "Que se abra a flor de luz!"

Dharma começou ouvir música. Uma melodia lenta, mas progressiva de harpas e tambores, embalavam o ritual, fazendo o grupo balançar-se ao seu ritmo contagiante. Olhou em volta, não viu músicos. Sentia-se estranhamente sonolenta, mas seus sentidos estavam bem aguçados. Conseguia sentir o perfume das flores e ouvir as batidas do seu coração no mesmo ritmo dos tambores. "O Chá!" Lembrou-se procurando uma resposta para aquelas estranhas sensações.

Um rapaz de capa vermelha aproximou-se da velha no centro da roda. Ele trazia uma espada reluzente, de cabo dourado. Ajoelhou-se aos pés da sacerdotisa e entregou-lhe a lâmina num gesto de reverência com a cabeça baixa, sempre olhando para seus pés. Com a ponta da espada, a velha riscou um círculo no solo em volta das coisas que se encontravam no centro. Logo depois, ergueu a arma, como que a apresentando ao público, e, num gesto vigoroso e preciso, bem mais potente do que se esperaria de uma frágil anciã, fincou-a na terra junto à mesa ritual. Uma vibração metálica como um agudo lamento, ecoou pelo planalto.

Uma moça, também de vermelho, encaminhou-se ao centro. Da mesma forma que o rapaz, ofertou à bruxa, um pequeno saco de linho aberto e cheio do que parecia ser alguma espécie de semente. A criada bruxa tomou o saco nas mãos e começou caminhar em volta junto às pessoas que assistiam, as quais iam pegando do saco, um punhado do que Dharma veio a descobrir ser trigo.

O jovem casal permaneceu frente-a-frente no centro da roda. A velha, sempre entoando seus cânticos, retornou e despiu-lhes das túnicas. Eles continuaram imóveis e nus, enquanto todos dançavam aos sons dos instrumentos e da voz rouca e carismática da sacerdotisa.

O ritmo intensificara-se, a dança, antes um transcendental gingado, agora se tornara um frenético bailado. Dharma se divertia ao lado do namorado, sentia-se meio alta, como se tivesse tomado umas e outras numa boate, coisa que não fazia a muito tempo. Não tinha dificuldade em seguir os passos daquela dança sagrada. De mãos dadas, todos prosseguiam numa coreografia bonita com passos laterais, cruzando pernas hora por dentro depois por fora. A cada rodada, avançavam em direção ao centro, então a velha jogava o pó numa das tochas e eles recuavam com o clarão violeta que soltava faíscas flutuantes como pirilampos de fogo.

Subitamente a velha ergueu a mão, a música e a dança cessaram imediatamente. Todos, recitando algo como se fosse uma reza ou mantra num idioma desconhecido, atiraram sobre os jovens no centro, o punhado de trigo que cada um guardara. Ficaram quietos observando o casal que se aproximou da rocha que servia de mesa. Eram muito jovens, uns dezoito anos aparentemente. Para espanto de Dharma, começaram a acariciar-se de forma íntima numa paixão voluptuosa que fez a brasileira sentir-se molhada.

Seus corpos esbeltos, tingidos pelo fogo das tochas, pareciam mais acesos que brasas na sensualidade e frescor de sua juventude. A moça deitou-se de costas sobre a rocha, com as pernas ligeiramente abertas. O robusto mancebo, depois de um beijo prolongado no sexo da jovem, penetrou-a lentamente, mas sem recuo. Um fino e estridente grito ecoou nas pedras. "Ela era virgem!" Deduziu Dharma. Ao grito, seguiram-se gemidos contidos de dor, que aos poucos foram mesclando-se com gemidos de prazer.

Dharma respirava ofegante, não pode deixar de se excitar com a imagem ao vivo do coito. Observou que a roupa de Van apresentava uma aguda elevação na região genital. Ficou ainda mais excitada, e mesmo, aliviada, descartando a impotência, como problema que os vinha impedindo de consumar seu amor.

Não demorou muito, o rapaz, em contrações pélvicas, explodiu em gozo, depositando seu líquido vital no templo recém inaugurado da agora, mulher feita sobre a pedra. Ele se afastou e ela levantou-se. De braços abertos, ainda sobre a pedra, a moça deu uma volta lentamente em torno de si, como que mostrando ao grupo, seu novo corpo de mulher. Todos aplaudiram, deram vivas e repetiram três vezes: "Da flor à luz... Da luz ao fruto..."

A velha puxou a espada, Dharma temeu pela garota, sabe-se lá o que poderia acontecer... Já tinha ouvido falar de seitas malucas, sacrifícios e coisas mais estranhas. Porém a espada foi apenas colocada sobre a mesa, entre os pés da jovem. Esta se agachou por uns segundos até que o sêmen escorresse de seu interior, pingando sobre a lâmina.

A sacerdotisa manteve-se concentrada, com a cabeça baixa, segurando no cabo da espada. De repente, entrou em convulsões e foi amparada pelo casal que a ajudou a sentar sobre a rocha. As convulsões foram parando, mas a velha assumiu uma postura diferente, sua fisionomia mudara, seu olhar era outro... Começou a falar com uma voz estranha, quase masculina.

Todos foram dirigindo-se ao centro em fila para uma espécie de bênção que consistia em ajoelhar-se para que a anciã os tocasse com a ponta da espada sobre o ombro. Ela, com aquela voz estranha, dizia umas frases num dialeto desconhecido, depois se aproximava da pessoa e falava-lhe por uns instantes em particular.

Chegou a vez de Dharma junto com Van. Ela estava curiosa, os dois ajoelharam-se para receber a bênção, mas, abruptamente viu a espada ser fincada na terra ao seu lado entre ela e o namorado. A velha levantou-se e falou dirigindo-se a Van.

— Cavaleiro dos cinco continentes... Sei de tuas jornadas e sofrimento, compartilho da tua solidão. Estás certo, ela é tua outra metade, tua tão procurada alma gêmea, mas ouve: Não é para essa vida! Juntos, só desgraças hão de encontrar. Tu estás dispostos a perder teus tesouros, tua liberdade e a própria vida?

Van ouvia calado, cada palavra. Isso vinha de encontro com suas dúvidas e receios sobre a nova relação. Porém, aquilo pareceu muito estranho a Dharma. Logo veio-lhe à mente, o quanto era conveniente à Charlotte tudo aquilo: sua própria criada... Seu amor recolhido e não retribuído por Van... Dharma levantou-se injuriada.

— O que está acontecendo aqui? Que armação é essa Charlotte? — Disse virando-se para a lady que se encontrava logo ao lado.

A cerimônia tumultuou-se. Pessoas comentavam o acontecido, Van procurava acalmar Dharma, que só queria ir embora. Charlotte tentava defender-se.

A brasileira começou a chorar, estava agoniada sua cabeça estava confusa, sentia-se um pouco enjoada devido ao chá.

— Acalma-te criança! — Disse a anciã com autoridade.

— Guarda tua força para o que há de vir! Teu inimigo é outro, um velho e ardiloso guerreiro espreitará teus passos e de teu amado. Sede resignada ou alguém pagará por tua volúpia!

— Como? O que quer dizer? Quem é ignorante é... — Dharma estava tonta, tudo era tão confuso... Um zumbido tomou-lhe o ouvido, a cabeça girava... Apagou.

Era domingo, o sol embora raquítico, descrevia sua curta parábola no horizonte, num ângulo que nunca ultrapassava uns quarenta e cinco graus nessa época do ano e latitude. A Impressão é que ele pulava das nove da manhã, para as quatro da tarde.

Kácio e Maria estavam passando o seu último dia juntos em Camden Town, um bairro bem agitado com seu mercado, lojas e pubs espalhados pela Camden High Street. No dia seguinte, Maria tomaria o avião para Lisboa.

Van e Dharma preferiram caminhar no Hyde Park. Depois da noite conturbada e de um retorno silencioso a capital bem cedo, por insistência da Dharma, precisavam ficar sozinhos para conversar.

Passaram junto à cerca da Bayswoter, onde Van cumprimentou velhos amigos, artistas que expunham seus trabalhos ali pela calçada. Era interessante vê-lo conversar com cada um em sua própria língua, pois muitos eram estrangeiros. Dharma ficava imaginando qual idioma Van não dominava com fluência. Contudo, notara seu português um tanto preso e deveras formal. "Aprendi em Portugal". Explicara-lhe o Dinamarquês.

Contornaram o lago, observando os patos na água gelada. Decidiram deitar-se na grama e lá ficaram, por um bom tempo,

calados, olhando o movimento das nuvens que passavam rapidamente, empurradas pelos fortes ventos na ilha de Shakespeare. Nem um dos dois queria falar primeiro, buscavam palavras, queriam expressar seus sentimentos, seus medos.

— Veja aquela! — Ele falou apontando para uma nuvem cinzenta e comprida, que deslizava no azul. — O que lhe parece?

— Um navio? — Respondeu a garota, meio indecisa.

— A mim: uma espada árabe. E a outra? Uma maçã talvez? — Apontava uma pequena nuvem.

— É um coração... Veja! Está se partindo. — Dharma desenhava com o dedo no ar o formato que pensava ver.

Na verdade, as formas mudavam rapidamente, numa metamorfose constante, difícil de acompanhar.

— É engraçado como as coisas mudam... — Van falava pensativo. — Quando a gente pensa que começa a entender...

— A nuvem já é outra? eu sei o que você quer dizer. A gente sempre vê ou entende as coisas como nos convém, filtradas pelos nossos medos e expectativas... — Embora jovem, Dharma as vezes tinha uma clareza de pensamento, próprio de uma alma velha e experiente.

— Sabe Dharma, eu não sei se o que foi dito ontem a noite é verdadeiro ou se eu mesmo, acredito ainda nessas coisas. Já tive minha fase mágica, hoje sou apenas mais um curioso se deixando levar pelos ventos da realidade no dia a dia. Mas as coisas se encaixam! Disseram que nunca me sentiria assim por alguém até que aparecesse uma determinada pessoa. Porém, seria então a minha ruína, o fim de tudo o que mais prezo, a liberdade, a vida... Não sei... Como te disse, não sei se acredito, mas sinto que será difícil permanecermos juntos.

— Sei que estraguei tudo, me descontrolei... Mas ela te quer! Eu sei disso! Talvez tenha exagerado, estava fora de mim... O chá talvez... Senti que Charlotte nos quer separados, e a bruxinha também! Não quero te perder...

— Nem eu! Mas para tudo tem um tempo. Sinto que a procurei a vida inteira, mas por destino, só agora quando já tinha desistido, quando já acostumado com uma vida de solista, você me aparece propondo um dueto. Tenho minhas manias, estou velho para mudar, para aprender a dividir meus sonhos e abdicar de outros por alguém... Não sei, talvez você não vá gostar de um velho rabugento a seu lado no futuro.

— Meu amor... — Ela virou-se de bruços e sobre o peito dele, mirou seus olhos marejados. — Você pensa demais. Quando não está preso no passado, se tortura com um futuro que ninguém sabe se virá. — Ela o beijou. — Eu estou no agora lhe esperando, não te peço nada, não imponho mudanças... Você precisa sentir o presente... Precisa fazer amor...

— Você nem imagina como tem sido difícil refrear meu desejo... É por respeito a você...

— Então não me respeite! — Dharma olhava-o nos olhos. — não quero seu respeito, quero seu amor...

— Você não entendeu ainda... Depois que tivesse ultrapassado essa barreira, eu não teria mais forças para deixá-la seguir sozinha. E eu tenho que fazer isso.

— Por que? Eu não posso entender? É por causa das premonições da bruxa? Se você acredita nisso, também deve acreditar que o amor tudo pode! Até mudar o destino!

— Não é só isso... É que tudo esta ficando tão confuso para mim! Esse sentimento que me aproxima é o mesmo que me repele. Novamente me vejo tendo que escolher uma outra vida. Isso já aconteceu antes... Eu não fui capaz de mudar naquela época... Agora me aparece você... Toda essa energia... Esse amor tão envolvente, esse calor que só os corações cunhados nos trópicos possuem. Isso tudo me deixa cada vez mais confuso.

Dharma lembrou de Charlotte. Ela lhe contara que os dois já haviam se envolvido. "Era isso... Ele desistira da vida a dois no passado e agora tudo parecia se repetir".

— Antes pensei que fosse a idade. — Continuou Van. — Depois recordei-me das premonições da velha anciã, a qual você chama de bruxinha, mas que é alguém confiável. Eu não sei dizer... Só sei que preciso pensar. Não posso fazer isso nem comigo nem com você. Não posso prosseguir numa relação tão forte, com toda essa insegurança! Além de tudo, você sabe, tenho a exposição para preparar... — Tentou suavizar a conversa. — Podemos nos falar por e-mail de onde é que você esteja. Depois, quando você terminar a sua viagem, e eu o meu trabalho, talvez nos encontremos...

— Você complica demais o que é tão simples... — Interrompeu Dharma, tentando argumentar contra o tempo no namoro que Van estava pedindo.

— Simples? Simples... Infelizmente simples. Inalcançavelmente simples para mim... Minha simplicidade jaz sob uma lápide de pensamentos, num emaranhado de conhecimentos, experiências e desejos. Conheço tantos lugares, pessoas, línguas... Só não conheço a mim mesmo e me perco mais ainda nesses seus braços tão amorosos, mas que me fazem recordar o quanto desconheço meu próprio coração. É por isso que precisamos nos afastar, dar um tempo, refletir. Eu preciso. — Falou não em tom de proposta, mas de decisão.

Eles se olharam nos olhos por um longo tempo. Então Van a beijou ternamente e, em silêncio, levantou-se e foi embora pelo gramado, atravessando a pequena ponte sobre o lago e sumindo.

Dharma permaneceu por horas deitada na grama, imóvel. Às vezes uma lágrima escorria-lhe no rosto pálido e gelado. Seu olhar mirava o infinito no céu, seu pensamento congelara na imagem de Van em seu beijo de adeus.

Kácio e Maria despediam-se no portão de embarque do Heasthrow. Era a última chamada do vôo para Lisboa. Dharma admirava-os há uma curta distância, o bastante para dar-lhes alguma privacidade na despedida. Trocaram telefones e endereços. Talvez nunca mais se vissem. Maria retornava para sua casa, escola, seus afazeres. Kácio seguiria viagem pela Europa, mas logo cruzaria o Atlântico para o Brasil. Um mundo de água, quilômetros de desencontros. Não tardaria para que restasse apenas a doce lembrança daquele beijo em cada um. Memórias de aventuras amorosas num outono frio em terras distantes. "Ou talvez casassem na primavera em Fátima e fossem morar em algum condomínio de classe média nos subúrbios do Rio". Divertiu-se Dharma um tanto sarcástica, com as infinitas possibilidades que sua imaginação lhe proporcionava. Sentia-se deveras azeda e negativa naquela manhã, tinha razão para isso.

— Agora é só nós dois primo... — Ela abraçou Kácio por trás, enquanto ele via a lusitana sumir no corredor de embarque. Ele segurou as mãos da prima em sua cintura, sabia que ela precisava mais de apoio do que ele, depois da partida repentina de Van na noite anterior.

Dharma tinha chorado a noite inteira. "A historia da bruxinha... A diferença de idade... O medo de mudança... Até a exposição foi desculpa para separação!" Remoia ressentida pela fraqueza e ingenuidade daquele homem que lhe parecia tão vivido. Sua mente tentava resignar-se, concentrando-se nas coisas que estavam por vir. Tentava pensar na viagem com Kácio...

É estranho como às vezes deixamos escapar as coisas mais importantes da vida e, nem mesmo sabemos dizer porque desistimos tão rápido. "Não era para ser!" Exclamamos então, tentando consolar na frustração. Contudo, nunca sabemos se lutamos o bastante pelo que se foi.

Tomaram o *Tub* de volta para o Holland Park, precisavam arrumar as mochilas, partiriam ainda naquela tarde para Dove, onde tomariam o Ferry para Calais na França. Antes planejavam almoçar comida brasileira num pequeno restaurante na Oxford Street. Dharma queria despedir-se de alguns amigos brasileiros que faziam daquele pequeno lugar, escondido nos fundos de uma mercearia indiana, um reduto tupiniquim. Havia um mural de recados, classificados de empregos e a boa e velha feijoada, isso é, "a feijoada do Jorge", um PF com arroz, couve, farofa e feijão preto. Com os ingredientes "quase tradicionais" da nossa feijoada. Tudo para facilitar a vida dos brazucas em Londres.

Kácio agora sentia-se mais disposto para as longas horas de caminhada pelas ruas. Maria presenteara-lhe com uma mochila. "Para você lembrar de mim", disse ela insistindo para que ele aceitasse.

Era uma Ferrino de 65 litros impermeável com costuras duplas. Evidentemente não couberam todas as coisas que ele trouxera para viagem. Dharma o convenceu a despachar a metade para o Brasil junto com a enorme mala. Ele ficou um pouco triste sem os sapatos e tantas roupas bacanas que pretendia usar na "*night*".

A prima o havia ajudado a arrumar as coisas na mochila. Algumas poucas camisetas, cuecas, meias. Umas duas camisas de flanela, um jeans e uma calça de malha. Tudo cuidadosamente emrolado como rocamboles, para ocupar menos espaço e manter as roupas razoavelmente sem amarrotar. Ela lhe permitiu ainda uma toalha, mas despachou o barbeador elétrico. "Os descartáveis são mais práticos na viagem". Carregando apenas o essencial agora, ele sentiu-se um verdadeiro mochileiro, um autêntico *Backpacker*.

Almoçaram cedo pois precisavam estar em Dove até às 17 horas. Dharma não conseguiu encontrar muitos amigos, resolveu deixar um bilhete de despedida no mural. Na verdade, não tinha tantos amigos da "terrinha" assim, uma meia dúzia de conhecidos, que uma vez ou outra encontrava para relembrar as maravilhas de nosso País. Nesses anos estudando em Londres, fizera mais amigos estrangeiros, talvez pelo meio que freqüentava na faculdade, onde estudava gente vinda de toda Europa. Aproveitou para deixar seu e-mail também, pois assim poderia se comunicar de onde é que estivesse. É a melhor forma de manter contato quando se esta viajando. Tem sempre um *Cyber* café nos lugares. Você entra checa suas mensagens, responde algumas enquanto saboreia um capucino ou chocolate quente. Além de prático é mais barato do que os interurbanos.

Kácio, não obstante, fez uma rápida ligação para o Brasil. Aproveitando que a prima estava no restaurante, saiu e ligou para o tio dando notícias de sua missão. Ele não estava. Kácio então deixou recado na secretaria eletrônica dizendo que não convencera ainda a prima, mas que iria continuar (viajando), isto é, (tentando) levá-la de volta para casa. Aquela altura dos acontecimentos, ele já não se importava muito se a prima voltava ou não, se é que já se importara sinceramente com isso.

No fim da tarde, o casal de primos já havia embarcado no Ferry para Calais. Uma curta travessia nas águas geladas que separam a Inglaterra da França, em torno de duas horas de navio.

Sunset... O por do sol... Já era o fim da tarde. O barco cortava as águas escuras, deixando um rastro de espuma. Dharma e Kácio estavam calados, sentados à mesa junto à janela. Num luxuoso café, assistiam ao espetáculo de luzes e cores que o sol lhes proporcionava silenciosamente no horizonte da ilha britânica. A Inglaterra ia ficando para trás. Para Kácio era apenas mais um país, mal podia esperar para pisar o solo francês. Porém, para Dharma, um mundo de lembranças e experiências ficavam ali, ligados àquelas verdes terras, com seu povo educado e formal. Sentia que nada seria como antes, pois além da mudança de ares, de lugar; uma mudança maior acontecera dentro dela. Num curto espaço de tempo, ela conhecera o homem de sua vida e o perdera. Conhecera o verdadeiro amor, mas não tivera tempo de usufrui-lo. Contudo, um vasto continente os esperava do outro lado.

Um sorriso abriu-lhes o semblante. Um novo brilho deu vida aos seus olhos. Os primos se olharam de frente, balançado a cabeça num gesto que só eles poderiam compreender. Estavam felizes por estarem ali juntos, com um só pensamento: viajar.

Eire
(Ireland)
Northern
Ireland
North Sea
Denmark
Småland
Baltic Sea
English Channel
Netherlands
Germany
Belgium
Baltic Sea
Germany
Czechia
Lux.
Tyrrhenian Sea
ay of Biscay

CAPÍTULO 9

[1]*Ein Volk, ein Reich, ein Fuhrer!*
[2]*Meanwile that, they´re taking a funy trip...*

Os primeiros dias na casa dos pais de Claus, em Hamburgo, tinham sido ótimos. Boa comida, camas limpas e quentes. "O" fora recebida muito bem pela família. Eles haviam notado a boa influência que ela exercia sobre o rapaz outrora rebelde e inquieto. Junto à nova namorada parecia mais calmo, mais tranqüilo.

Desde que deixaram o Reino Unido, Claus vinha mudando. Quando a raiva passou ficara apenas o sentimento de perda, a tristeza por reconhecer que tinha posto tudo a perder. "O" vinha-o apoiando, tentando preencher o vazio no coração que tanto o castigava. A depressão deixara-o apático. Principalmente isso, essa apatia, fora confundida com quietude pelos pais sempre tão ausentes.

Claus queria divertir-se. Saiam todas noites na fria, mas, agitada Hamburgo. Numa festa no subúrbio, encontraram um velho conhecido do alemão. Richard era um amigo antigo da escola, fora quem o atraíra para o movimento Punk e depois lhe raspara os loiros cabelos quando resolveram tornar-se Skinheads.

"O" não foi muito com a cara do tal amigo. Seu olhar tinha algo de mal, suas feições eram duras. O nariz curto com as ventas enormes e voltadas para frente dava-lhe um aspecto bestial. Faltava-lhe dois dentes da frente: um canino superior e um incisivo inferior, lembranças das intermináveis brigas de rua.

Como todos *skinheads*, Richard tinha a maior parte do corpo tatuado. Era quase como um uniforme: águias imperiais, divisas militares, caveiras, foices e etc...

As suásticas se destacavam. De todos os tamanhos e for-

[1] *Uma vocação, um reino, uma líder. (Jargão nazista - alemão)*
[2]*Enquanto isso eles estão tendo um divertido passeio... (inglês)*

mas espalhavam-se pelos braços e troncos. Quase todos portavam uma grande e grossa sobre o peito esquerdo, ele também. Contudo, era aquela estranha e pequena suástica vazada branca, desenhada sobre um fundo preto sobre pálpebra direita, que o fazia realmente assustador. Richard expunha orgulhosamente o símbolo nazista, dando longas piscadas com o olho direito em um sorriso cínico de banguela.

Começaram sair com uma turma barulhenta, na maioria desempregados preguiçosos, sustentados pelos pais ou pelo seguro social. Freqüentavam festas intermináveis, bebidas fortes e drogas pesadas. Nesses lugares eram distribuídos folhetos de propaganda neonazista, que incitava os jovens a se rebelarem contra os "não brancos" os "não alemães" os "não cristãos..." Como se fosse possível cultivar todo aquele ódio e ainda permanecer cristão.

As festas eram decoradas com grandes cartazes com as mesmas propagandas. Retratos de Hitler, faixas vermelhas com suásticas. Em algumas eram projetados antigos filmes, documentários da II Guerra mundial, mostrando os orgulhosos soldados do Reich. Arianos tão "puros" tão "brancos"...

Dançavam ao som de um pesado *Punk Rock*, pulando como loucos com seus coturnos e calças de suspensórios. Sem camisa, mostravam cada um, suas extravagantes tatuagens. As garotas sempre um pouco mais recatadas, porém, não menos excitadas, gritavam vibrando com o alvoroço. Ingênuos garotos... Tão puros... Vazios pensamentos... Tão brancos...

A apatia de Claus desapareceu dando lugar a seu temperamento explosivo. "O" agora, além de amante, era sua enfermeira. Cuidava das ressacas e ferimentos das freqüentes brigas de fim de festa. Era vista pelas outras pessoas do grupo como estranha, esquisita. Isso por ser de outra nacionalidade, mas, principalmente porque não conseguia disfarçar sua reprovação nas atitudes anticivilizadas da turma. Não se cansava de pedir ao namorado que fossem embora, deixassem o grupo. Ele não lhe dava ouvidos. Apenas se deixava levar pela vibrante energia. Queria sempre mais, onde fosse que isso os levassem.

Não demorou muito para que "O", Claus e os *skinheads* passassem a ser indesejáveis na casa dos pais do alemão. Richard os convidou para irem a Berlim. Dizia conhecer um lugar incrível, que os receberia de braços abertos. "Lá rola de tudo!" enfatizou. Partiram então para a capital alemã, e foi aí que a coisa ficou realmente pesada.

[1]Pour qui il aime la vie, pour qui il apprécie la beauté: Paris la cité lumière.

Dharma e Kácio haviam pisado o continente no dia anterior. Em Calais, pequena cidade portuária na França, pegaram o trem para Paris. Desceram na Gare St-Lazare, a principal estação na zona noroeste da cidade. Serve principalmente aos trens vindos da Inglaterra e Normandia. Diga-se de passagem, o transporte ferroviário na França é muito eficiente. Principalmente Paris é bem servida com estações ou Gares, como eles chamam, que se espalham pelas varias zonas da cidade distribuindo o fluxo constate de trens que chegam nesta capital cultural européia, provenientes de todos os cantos do continente.

A Cidade Luz encanta e seduz. De idosos casais de turistas aos mochileiros mais descolados. É impossível não se embriagar com o charme, o requinte, a beleza desta cidade milenar e "milionária!" Sim, pois os preços estavam pela hora da morte! Os primos já esperavam a carestia parisiense. Não obstante, assustaram-se com os preços dos hotéis.

Infelizmente, os dois albergues indicados por Van estavam lotados. Ainda na estação, conseguiram se informar sobre pequenos hotéis no subúrbio a preços mais em conta. Foram parar numa velha hospedaria pra lá de Porte de La Villette, a uns dois quarteirões da estação do metrô. Estava vazia e o preço era pagável. Havia na frente um mal cheiroso canal, possível afluente do Sena, com uma pequena ponte que servia de

[1]Para quem gosta da vida, para quem aprecia a beleza: Paris a cidade luz. (francês)

ponto de venda de drogas. Podia-se assistir da janela, as negociações e as freqüentes batidas da polícia madrugada adentro. Era uma distração naquele quarto sem TV e naquele hotel sem hóspedes.

Saiam cedo todos os dias, só voltavam tarde da noite. Faziam seu desjejum pelos cafés nas calçadas, para evitar a cozinha duvidosa do hotel. Acabava sendo mais agradável e interessante misturar-se aos parisienses comendo um *croissant* com *café au lait*.

Começaram visitando Notre Dame na Ile de La Cité. Dharma ficou meditativa com as centenas de velas acesas pelos fiéis em seu interior. Kácio limitou-se a espirrar e tossir com o cheiro peculiar. Atravessaram o Rio Sena para a margem direita. Passaram pelo Louvre. Admiram de fora a bela fusão da arquitetura clássica do antigo palácio real com a modernidade extravagante das pirâmides de vidro. Deixaram para explorá-lo no outro dia, pois isso lhes tomaria muito tempo. Queriam antes, caminhar pelas ruas, sentir a atmosfera francesa.

Em três dias já haviam percorrido a maioria dos cartões postais da cidade. Andaram dos Jardins des Tuileries até o Arco do Triunfo, passando pela place de la Concorde e a magnífica Champs Elysées com suas lojas e restaurantes requintados. Evitaram comer naqueles finos restaurantes, com sua cozinha tão reconhecida mundialmente pelos ricos *gourmets*, principalmente ricos. Optavam sempre por refeições mais simples nas barracas das calçadas como: crepes ou sanduíches nas famosas baguetes francesas, gostosas e baratas.

Tiraram um dia inteiro para ver o Museu do Louvre. Dharma quando ainda na escola, fizera uma excursão aquele gigantesco monumento à arte e cultura da humanidade. Só quem percorreu os intermináveis corredores, as imensas galerias e subterrâneos do Louvre, sabe que restam sempre obras a serem vistas em outras visitas. Seriam necessários vários dias para se poder afirmar que conheceu realmente o Museu. Além de tudo, ela desejava mostrar algumas de suas favoritas para Kácio. Este, no meio da tarde, já entregara os pontos. Aproveitava cada banco que encontrava para descansar os pés formigantes, as pernas cambaleantes e costas doloridas. Arrastava-se atrás da prima, resmungando que estava satisfeito. "Já admirei hoje toda a arte que podia por duas vidas!" Dharma apenas ria, e pegava a mão do companheiro para mostrar mais uma escultura, outra pintura e outra... E outra...

— Olha Kácio, olha essa! é a Vênus de Milo, que linda não! — E seguia descrevendo o contexto histórico da obra, a vida do artista e etc... O primo apenas se limitava a balançar a cabeça e pronunciar monossílabos: "Humm... Sim... É...?" Não conseguia disfarçar o tédio nem o cansaço. Às vezes se apavorava imaginando as dezenas de museus que a prima iria forçá-lo visitar na viagem. "Meus Deus!" "A Europa inteira é um museu!".

A noite era sempre mais divertida para Kácio. Era incrível seu poder de recuperação! Depois de andar o dia inteiro, sempre arranjava forças, com um longo banho quente, para cair na badalada noite de Paris. As danceterias eram animadíssimas! Lugares agitados como: o Le Palace, o Rex Club e outros.

Carregava Dharma pela madrugada, conhecendo os melhores lugares e se divertindo. A música latina estava na moda. Dançavam por horas ao ritmo da Salsa. Então, eram os pés de Dharma que doíam.

Pela manhã recomeçavam as caminhadas e passeios pela cidade. Andaram pelas ruelas intrincadas do Quartier Latin, um bairro inacreditavelmente charmoso. Foram visitar o Père-Lachaise, o melancólico e atraente cemitério. Sim! Cemitério! Em Paris até cemitério pode ser um interessante lugar para se conhecer. Esse guarda túmulos de personalidades das mais interessantes e controvertidas da história como: Oscar Wilde, escritor inglês, o inesquecível roqueiro Jim Morrison, Chopin e tantos outros, artistas ou não, mas que escolheram o solo parisiense para sua morada eterna. Kácio não perdeu a oportunidade de se deixar fotografar pela prima, dando o tradicional beijo no túmulo do vocalista do The Doors.

Na manhã do último dia conheceram o Centre Pómpidou. Um prédio arrojado, com sua arquitetura super avant-guard de cores brilhantes. Dharma queria conhecer este famoso centro cultural. Kácio decidiu aguardar a prima do lado de fora. Ficou entretido com os artistas circenses e músicos que se apresentavam sem parar no espaço em frente do centro.

Na parte da tarde, foram despedir-se da cidade admirando a vista do alto da Torre Eiffel. O ingresso para a subida era caro. Porém uma extravagância obrigatória. São mais de trezentos metros. O vento forte e frio atrapalhava. Contudo, a magia da paisagem com o Sena espalhado em forma de "S", abraçando a cidade majestosa, ficou gravada na memória dos dois brasileiros. Na volta, vinham sentados no banco do metrô, calados, apenas ouvindo uma deliciosa canção francesa que um músico com seu pequeno acordeão tradicional, tocava e cantava para ganhar uns trocados no trem. Ao saltarem na estação, Kácio deixou umas moedas no chapéu do artista. Queria se livrar dos poucos francos que lhe restavam. Estavam de saída para o próximo país.

Passaram no hotelzinho, pegaram as mochilas e em poucas horas, já estavam no trem rumo a Barcelona. Conseguiram colchetes para dormirem na viagem. Eram umas pequenas cabines, com dois bancos, um de frente para o outro, que serviam também de camas. Acima de cada banco, havia duas caminhas embutidas que se abriam para formar beliches de três andares.

Inicialmente a cabine para seis pessoas estava vazia.

Dharma e Kácio aproveitavam para escolher as duas camas superiores de cada lado. Não demorou para lotar. Os primos dormiram agarrados às mochilas, seguindo a orientação de Van, com respeito aos ratos de trem. Não que fossem tão freqüentes os roubos, mas, o "seguro morreu de velho" e o sono de mochileiros cansados costuma ser pesado.

[1]Sie suchten eines guttes platz umzu bleiden zie haben die hölle gefunder

Em Berlim... O tal "lugar incrível" que Richard se referira era um velho galpão de uma fábrica fechada, escondida em uma área industrial desativada no lado ocidental da cidade. Lá se reunia um grande grupo neonazista, dissidência radical do Combate 18. Eram conhecidos como Lobos Brancos, ou LBs. Julgavam-se os "guardiões da supremacia ariana".

Na nova Alemanha, recém unificada, todas as atenções e os investimentos estavam agora voltados para o maltratado lado oriental. Esse virara um verdadeiro canteiro de obras depois da queda famoso "muro da vergonha". Enquanto isso o lado ocidental passou a sofrer recessão econômica, pondo em dificuldades muitas indústrias e comércios. Nesse clima de desemprego, no qual os ricos alemães ocidentais viram-se obrigados a dividir sua economia com os orientais e ainda com a crescente comunidade de imigrantes que se instalavam na metrópole em busca de uma vida melhor. Gerou-se uma época um tanto caótica, para os tão organizados germânicos. Pequenos grupos ressentidos com as dificuldades passaram a concentrar-se e colocar em ação uma ideologia racista que buscava culpados. Saídas fáceis para problemas difíceis.

O "Covil" , como era conhecido entre seus membros, acolheu bem o grupo vindo de Hamburgo. Afinal era esse um de seus propósitos: receber os jovens que eram recrutados pelos veteranos nas outras cidades. Richard era um desses veteranos. Periodicamente viajava pela Alemanha com o intuito de aliciar garotos para o movimento que vinha se desenvolvendo nas margens da sociedade alemã. Junto com "O" e Claus vinham mais seis rapazes e duas moças.

[1]Eles procuravam um bom lugar para ficar. Acharam o inferno. (alemão)

O neonazismo era uma realidade que vinha tomando força na obscuridade e colocando suas garras para fora. Tinha se organizado e ampliado a cada ano, espalhando-se pelos países mais ricos da Europa e os Estados Unidos. Disseminava por trás de uma ideologia nacional-socialista, uma filosofia rancorosa de inveja e intolerância. Crescia sob as barbas do sistema, com a "aparente" ignorância das autoridades. Contudo, era óbvio que por trás de tal organização havia uma mente bem experiente e objetiva. Bem mais concentrada e motivada do que a turba dos jovens anarquistas que compunha suas legiões.

Inicialmente "O" achou o lugar interessante. Pareciam mais organizados, estavam bem instalados no velho galpão. Funcionava como um tipo de república ou comunidade, onde cada um tinha suas obrigações na limpeza que não era assim tão "limpa", e no preparo da comida que não era lá esta "gostosura": macarrão com salsichas num dia e salsichas com macarrão no outro.

Claus gostou de cara. Sentiu-se em casa entre seus semelhantes. Ele e "O" dormiam no chão, em sacos de dormir juntos com uns trinta recém chegados, espalhados pelo vão principal. Não havia aquecedor. Nas noites frias acendiam fogueiras de papelão em tambores e dormiam bem juntos para aquecer. Todos os dias tinham que acordar cedo para limpar o lugar que servia para treinamento e, é claro, festa. Os veteranos tinham alojamentos com beliches e aquecedor. Era um prêmio que tinham que fazer por merecer, cumprindo suas tarefas e missões sem hesitação.

Os LBs eram um comando de divulgação da propaganda neonazi. Executavam também pequenas ações violentas as quais eles chamavam de "Batidas" que visavam conter a ampliação dos negócios dos imigrantes. Tais ações eram obviamente proibidas no país. Porém, isso não os intimidava muito. Funcionavam na clandestinidade apoiados secretamente por partidos políticos de ultradireita.

Pregavam a expulsão dos imigrantes para garantir emprego aos alemães. A propaganda: folhetos e cartazes que eram distribuídos pela capital, eram todos rodados na Dinamarca, onde as leis absurdamente tolerantes permitiam tais manifestações de ódio e ignorância. O dinheiro para tanto, provinha de doações dos ditos partidos e, ainda, do que eles chamavam de "Coletas", que eram na verdade: assaltos que os vândalos, quase sempre recrutados entre os *Skinheads*, os mais violentos, promoviam nos estabelecimentos dos imigrantes da cidade. Resultava todas as vezes no espancamento das vítimas e destruição das lojas. Sua ira era dirigida especialmente aos imigrantes ilegais e aos patrões que os contratavam pela metade do salário dos trabalhadores alemães. Roubavam e batiam em ambos.

Richard liderava um pequeno grupo, o mesmo vindo de Hamburgo, sete rapazes e três moças incluídos "O" e Claus. Este, seu braço direito, e aquela, uma infeliz vítima das circunstâncias. É como dizem: "as maçãs boas não curam as podres, são as podres que põem as boas a perder numa cesta".

Pouco mais de uma semana em Berlim, e a vida de "O" tornara-se um caos. Era arrastada pela cidade com aquela turba, obrigada a distribuir os odiosos folhetos racistas pelas esquinas durante o dia e, muitas vezes, acompanhava-os nas "Batidas" ou "Coletas", servindo de vigia enquanto os delinqüentes cumpriam suas missões criminosas.

Numa tarde fria trabalhava distribuindo os folhetos do covil na esquina de uma loja de jogos de computador. Seus dedos estavam congelados, seu rosto também. Mas tinha que cumprir uma meta. Tinha uma cota de folhetos a entregar em mãos e sem desperdício, pois era caro trazê-los da Dinamarca, já que as gráficas alemãs eram proibidas de imprimir a propaganda nazista.

O dono da loja, um imigrante coreano, convidou-a para entrar um pouco. Ficara com pena da garota maltrapilha na rua.

Oferecera-lhe um chocolate quente. Ela aceitou e agradeceu com aquele jeitinho tão meigo e polido. O homem aconselhou-a a mudar de vida. Aquela filosofia pregada nos folhetos era muito feia e não combinava com alguém tão educada. Ela respondeu que ele estava certo, que ela estava tentando se desligar daquilo. Aproveitou e pediu para usar o computador para passar um e-mail. Queria contatar Dharma. Precisava de uma palavra amiga, precisava de ajuda.

Ela mal havia começado quando viu seus folhetos, que deixara sobre o banco na calçada, serem espalhados pelo ar com o vento. Saiu correndo pela rua recolhendo os papéis. Nisso, o furgão velho, que era o transporte do Covil chegou para buscá-la. Não teve outra saída, a não ser pegar o carro. Despediu-se discretamente com um aceno, pelo vidro de trás do furgão.

De noite quando regressavam ao Covil, depois das Coletas ou Batidas bem sucedidas. Comemoravam em festas barulhentas que só findavam com os primeiros raios de sol.

No grupo de Hamburgo, era comum os seis rapazes se revezarem em longas sessões de sexo com as duas garotas, Martha e Flesha. "O" vinha conseguindo manter-se fora das orgias graças ao respeito que Claus, com seu porte avantajado, impunha aos companheiros. Richard, porém, não temia o amigo e parecia estar interessado em sua namorada. Era mais baixo, só que bem mais forte e preparado. Não obstante, pela estima que nutria pelo compatriota, mantinha-se à distância. Curta, diga-se de passagem, pois não tirava os olhos maliciosos da garota. "O" o vira muitas vezes curiando-a ao banhar-se no grande banheiro coletivo. Começou a entender uma certa antipatia que Richard demonstrava por ela, principalmente na frente de Claus. "Muitas vezes, se desdenha o que não se pode ter". Preocupou-se então. Não sabia até que ponto poderia confiar na proteção do namorado ou a quem ele seria fiel.

Si usted desea uno sitio agitado, uno sitio caliente, camina para la acera de Las Ramblas.

Barcelona estava quase quente. Isto é, bem menos fria que Paris e Londres é claro. Na verdade o inverno vinha se instalando devagar, mas o sol ainda brilhava sobres as ruas catalans.

Os primos brasileiros caminhavam animadamente descendo a La Rambla em direção ao porto. Aquela agitada avenida com o largo calçadão dividindo as pistas, como sempre, estava apinhada de gente. Principalmente turistas e artistas de rua. Eram grupos de jaz, teatros de bonecos, palhaços, animais amestrados... Espalhados em barracas, artesões expunham seus trabalhos concorrendo com os camelos pelos clientes.

O idioma, um espanhol misturado ao catalão era confuso. Porém, mais fácil de compreender quando o inglês se mostrava inaplicável. Na França Kácio tivera dificuldades com os nativos que não falavam o idioma britânico, ou pelo menos, não gostavam de se comunicar por intermédio dele. Dharma sempre desculpava-se primeiro, por não falar francês. Isso, se utilizando das poucas frases que aprendera da língua de Victor Hugo. Passearam pela longa calçada que era uma das grandes atrações daquela cidade espanhola. Vez ou outra entravam em algumas lojinhas para olhar despretensiosamente, pois não tencionavam gastar o pouco dinheiro da viagem com souvenires.

Kácio encontrou, numa ruazinha paralela, um cyber café. Entraram os dois para fazer um pequeno lanche e conferir os e-mails.

[1]Se você quer um lugar agitado, um lugar quente, ande pelas calçadas de Las Ramblas. (espanhol)

— Ual! — Exclamou o rapaz, ao ler a uma das mensagens que recebera.

— O que foi? O que tem aí? — Perguntou Dharma do computador ao lado.

— Pintou o que eu estava esperando! A vaga na agência que lhe falei. Eles estão me chamando. Querem que eu comece mês que vem! Ual...

— Parabéns Ka... Espero que tudo saia como você desejou. Alguma coisa da Tia?

— Não. Tem uma longa mensagem da Maria que eu vou imprimir para ler depois. E sim... Uma do Coronel. Quer ver?

— Depois você me conta. — Mostrou-se desinteressada nas notícias sobre o pai. — Olha... Tem um e-mail da "O"... Ela está em Berlim com o Claus... Diz que está com saudades, manda um beijo para você... Ela parece triste ou chateada. Normalmente suas mensagens são tão animadas... — Dharma conhecia bem a amiga. Sabia que algo estava acontecendo. — Estranho... A mensagem acaba de repente...

— Como assim? O que está escrito? — Kácio ficou curioso.

— Ela termina assim: "... estou precisando de...", e não tem mais nada. Nem se despede! É como se ela tivesse com pressa ou tivesse sido interrompida.

— Não deve ser nada. Você tá viajando! Deve ser apenas um problema no programa, ou no provedor. Escreve de volta para ela e diz que a mensagens não chegou ou coisa parecida. — Kácio tranqüilizou a prima.

— É. Você está certo. Ok, depois a gente confere a resposta na próxima cidade. Já terminou? Vamos nessa. Quero ver se dá tempo da gente ir ver aquele forte no alto do tal Montjuïc. A vista do porto deve ser ótima.

Continuaram os dois passeando. Kácio animadíssimo com a notícia do emprego e excitado com a mensagem da namorada portuguesa. Dharma ainda encucada com o e-mail de "O". Todavia, a manhã ensolarada convidava a descontração. Ele deixou para ler a carta de noite no hotel. Ela esqueceu um pouco o mistério da mensagem, convencendo-se que desfaria o mal-entendido da próxima vez que checasse seus e-mails.

Entraram no Barri Gótic, um bairro com velhas casas e igrejas. Perto da catedral avistavam a ruínas de um muro romano. Constataram o quanto é antiga, mais de dois mil anos, essa ex-capital do reino da Catalunha, que até hoje reivindica sua independência da Espanha.

Desceram até o porto passando pelo grandioso monumento a Colombo, uma enorme estátua de bronze do descobridor da América. Sobre um majestoso pedestal, ela comemora a volta triunfante do explorador na sua primeira expedição ao Novo Mundo. Os primos notaram com ironia, que a escultura aparentemente apontava para a África ao invés da América. "Colombo provavelmente, tinha um senso de direção melhor que os construtores do monumento". Gracejaram.

Quando a fome apertou compraram uns *Tacos*, pequenas porções de comida espanhola, e foram comer num banco na marina em frente ao mar.

Naquela tarde, subiram pelo teleférico até o Montjuïc, uma pitoresca serra junto ao litoral com um forte no alto. Kácio aproveitou para fazer boas fotos da paisagem. Ao anoitecer ele foi assistir um show de música e dança flamenca num restaurante típico chamado Tablao de Carmen. Isso junto com uma turma de argentinos que conhecera no forte. Dharma resolveu descansar no hotel. Queria sair sedo no outro dia para ver a Sagrada Família, a famosa catedral inacabada do arquiteto Antoni Gaudí, conhecido por suas obras modernistas.

Kácio passou a manhã de ressaca na cama. Dharma tirou o resto do dia, para andar sozinha pelos museus. Gostou principalmente da Fundação Juan Miro, dedicada a obra deste incrível artista do surreal. Ficou um pouco decepcionada no Museu Picasso. Pode apreciar pouco mais que referências a famosas obras do mestre.

À noite no trem, rumo a Itália, Kácio ainda queixava-se da dor de cabeça causada pelo vinho barato que consumira com os argentinos no Tablao. Para sua surpresa, justamente o alegre trio de sul-americanos apareceu para dividir a cabine. Um par de gêmeos simpáticos, Pablo e Escobar, um baixinho muito divertido chamado Nestor, mas apelidado Maradona. Todos estudantes em férias e em busca de agito. Dharma gostou da companhia, embora os rapazes fossem bem mais afinados com os gostos arrojados do primo.

— E então... Para onde a Arara e o Ronaldinho perna de pau estão indo? — Perguntou Maradona, referindo-se a Dharma pelos seus cabelos coloridos e Kácio pelo esporte que comentara ser aficionado. O argentino era aquele tipo gozador que gostava de apelidar as pessoas.

— Vamos direto para Roma, seu cheirador de pó aposentado... — Respondeu Kácio à pergunta e à provocação. Tinham se dado muito bem logo de começo. Ele gostava do jeito irreverente dos argentinos, principalmente o Maradona.

Logo estavam os cinco conversando e divertindo-se a valer com as piadas do baixinho. Os primos foram convencidos pelos argentinos à fazerem algumas paradas não planejadas pelo sul da França e Itália antes de chegarem à Roma. "Vocês não podem perder a Côte de Azur!" Disse Pablo, referindo-se à maravilhosa região na Riviera francesa.

— Estamos indo pra encontrar com uma turma de amigos!Vai ser "*chose de loque*!" — Brincou Maradona.

Foram dias bem agitados em Cannes, St-Jean-Cap-Ferrat e Nice principalmente. Lá quase foram presos por estarem juntos da turma de baderneiros. Eram bons garotos, porém, depois de dúzias e mais dúzias de cerveja, sua alegria exagerada e descontrolada enlouquecia os proprietários dos bares e boates que freqüentavam. Kácio estava com a corda solta. Mas ficou com o pé atrás depois do episódio em Nice. Não quiseram ficar muito tempo na Riviera. Não era a melhor época para curtir aquele marzão azul. Faltava o calor do verão.

Continuaram a viagem, Itália a dentro, apenas com trio inicial de argentinos. Os outros seguiram na direção contraria para Barcelona. No trem, jogavam baralho, contavam piadas para se distrair entre uma cidade e outra. Dharma ficava às vezes meio distante no pensamento. Lembrava de Van, sentia saudades. Pensava também na amiga "O" que não tinha respondido ainda sua mensagem. Kácio estava tão distraído com os novos companheiros que quase esquecera do emprego no Brasil e da namorada em Portugal. Mas guardava com carinho no bolso da mochila, impresso, o longo e-mail que recebera de Maria. Relia-o de vez em quando, antes de dormir, secretamente para não dar bandeira aos amigos gozadores. Lá fora a paisagem ia ficando cada vez mais cinzenta, o inverno chegara também ao sul da Europa.

[1]In den entfernten Ländern ist eine gute Freundsenke sehr und schwierig zu finden. Aber sein Wahlbrunnen.

Era mais uma fria manhã de domingo em Berlim. "O" fora acordada muito cedo por Claus e Richard que pareciam ter varado a noite numa reunião com outros líderes do Covil. Achou estranho. Normalmente só despertavam após o meio dia depois de uma noitada.

— Temos um trabalho importante para você, minha ruivinha. — Disse Claus com um olhar nervoso. Ele explicou do que se tratava. Uma ação para assustar uma família de paquistaneses que teimavam em ocupar com uma lanchonete típica, o espaço de um antigo bar no centro da cidade.

— Vocês devem estar ficando loucos! Eu não vou colocar uma bomba num lugar cheio de gente! — "O" ficou indignada.

— Não seja escandalosa "O" — Respondeu Claus. — Ninguém vai morrer com essa bombinha...é só para intimidar... No máximo, umas queimaduras, arranhões...

— E bem merecidas por sinal! — Completou Richard. — Já é tempo desses intrusos caírem fora daqui levando essa porcaria que eles comem lá para o chiqueiro de onde eles vêm! Veja garota, eles estão tomando o lugar de um *pub*. Acabando com nossa cultura. Não mais cervejas... Não mais salsichas! Só os nojentos quibes e quebabs! Sem contar com os empregos de homens brancos descentes que serão trocados pelos malditos macacos árabes.

— Não vem com esse papo pra cima de mim Richard! — Respondeu "O" furiosa. — Essa baboseira nazista não me afeta...

[1]Em terras distantes um bom amigo vale muito e é difícil de encontrar. Mas escolha bem o seu. (alemão)

Claus teve que usar toda a sua força para conter a ira de seu líder, que queria a todo custo espancar a "sacrílega". A coisa engrossara, as pessoas do Covil aproximaram-se da confusão, uma grande roda se formara.

— Tem sorte de ter essa pele que Deus te deu! — Richard berrava com os olhos faiscando. — Mas mesmo sendo branca, eu acabo com você em um instante. Ou você está com a gente ou contra! Nós não temos lugar para "espiões"... — A palavra ecoou pelo salão, um silêncio inquisitório fez com que "O" engolisse seco.

Flesha, uma das moças do grupo agarrou seus cabelos com uma fúria avassaladora, cravou as unhas impiedosamente em seu rosto. Alguns caras desferiram-lhe bofetões. Claus tentava apartar, mas foi impossível deter todos que decidiram dar uma lição à escocesa "indisciplinada".

— Raspem sua cabeça! — Alguém gritou na multidão — Isso! É bom para ela dar valor à sua raça! — Puseram a garota de joelhos, segurada pelos braços. Martha, a outra garota do grupo, pegou uma amolada faca, das que os rapazes usavam nas Coletas, e começou a cortar-lhe as coloridas mechas à golpes bruscos e imprecisos. O sádico grupo ficara incontrolável num frenesi cruel e absurdo.

Trouxeram espuma de barbear e a lâmina começou a raspar-lhe a pele alva. Vez ou outra tirando pequenos bifes vermelhos. O sangue escorria pelos ombros. "O" chorava desesperada olhando para Claus à sua frente, sua angustia deixara o rapaz apavorado, mas, fora ameaçado pelas pontas de muitas lâminas ao tentar ajudá-la. Agora se limitava a balançar a cabeça compulsivamente com as mãos nos ouvidos querendo que aquilo terminasse logo.

— Eu te disse Claus... Essa garota é esquisita, não é das nossas! — Comentava Richard que se colocara ao lado do amigo, observando a cena com um sorriso contido e macabro.

Flesha teve ainda a idéia horripilante de entalhar-lhe na careca recém exposta, com a ponta da faca, o desenho da abominável suástica. Terminou a obra sangrenta com uma pesada nas costas. "O" rolou pelo chão tingida de vermelho. Continuaram o castigo com pontapés violentos. A garota caída não demonstrou mais nem uma reação. Ela desfalecera sob a chuva de agressões. O linchamento a levaria à morte se não tivesse cessado com a repentina aparição de um distinto senhor.

Viraram-se todos para recém chegado líder. Saudaram-lhe com o cumprimento formal, batendo o punho direito fechado sobre a suástica em seus peitos, abrindo e estendendo a mão para o alto à moda nazista.

— Hein Reich! Hein Führer! — Ecoou o coro no salão silencioso, perturbado apenas pela respiração ofegante da menina largada ao chão em agonia.

— Tragam-na ao escritório. — Falou Heinrich Müler com autoridade.

Müler, um senhor muito bem vestido de terno completo escuro, gravata vermelha e chapéu preto de feltro, era o homem que fazia o contato entre os LBs e a política. Apenas o pequeno broche de ouro preso à lapela, com a águia imperial pousada sobre uma suástica cravada de diamantes, denunciava sua ligação aos neonazistas. Isso, para bons entendedores, pois a jóia era muito pequena para ser apreciada de longe. Essa era a intenção. Müler fazia parte de um grupo seleto, principalmente discreto. Sombras que se moviam incólumes por décadas nos bastidores do poder. Mesmo quando este mudava de mãos ou até de continente.

Seus olhos, de um azul acinzentado, eram sem brilho, foscos. Porém, exibiam um cinismo medonho. Era difícil encará-los. Melhor era desviar o olhar para seus cabelos brancos e ralos ou para mãos enrugadas de um quase septagenário. Não obstante, a idade não lhe impedia de ser um dos cérebros por trás de tudo. Sabia juntar o poder econômico das classes dominantes com a força impulsiva e influenciável daquela juventude perdida. Aquela massa de trigo fermentado à espera da mão que molda e tempera para um indigesto pão.

Subiram para o escritório que ficava no mezanino. Uma pequena sala com uma mesa, um computador no canto e um sofá encostado à parede. Claus colocou "O", que permanecia desmaiada, deitada sobre o sofá. Os dois rapazes ficaram respeitosamente de pé em frente ao tal Müler que se recostara numa confortável cadeira atrás da mesa.

Após explicarem o que se passara ficaram os dois em silêncio aguardando o senhor que educadamente, porém muito enérgico falou:

— Vocês estão pensando que isso aqui é brincadeira? Em outra época, por muito menos, poderiam ser mandados ao pelotão de fuzilamento... — O tal homem seguiu proferindo um sermão severo e áspero sobre os objetivos daquele movimento, o qual, ele, Heinrich Müler, era o mentor e comandante geral.

— Perdão Sr. Müler, mas ela merecia a lição. — Desculpou-se Richard.

— Você chama de lição, eu chamo de linchamento de uma irmã da raça! E aqui na nossa casa? Se eu não chegasse vocês matavam a garota. Você é um incompetente Richard! Conhece nossos métodos; se for para eliminar alguém, fazemos isso longe daqui e com overdose! A polícia está acostumada com viciados em heroína pelos becos da cidade, se drogando até a morte. Isso não chama a atenção.

— Desculpe meu comandante, não vai mais acontecer. Além disso, não é o caso. A garota é apenas uma indisciplina recusando-se a cumprir uma honrosa missão para o Reich. Ela é mulher desse irmão da raça aqui. Seu nome é Claus. É o cara de quem falei, o que presenciou o tal encontro dos Backpackers. — Richard apresentou o amigo.

Claus passou a relatar o evento que presenciara na Escócia. O velho ouviu atentamente, contudo, não ficou surpreso. Apenas bastante interessado nos detalhes e nomes que o rapaz tentava lembrar por insistência de seu interlocutor.

— Obrigado meu jovem. Mas esse encontro não me preocupa. É coisa de amadores, uns mochileiros desorganizados e imprestáveis... O que realmente eu precisava confirmar era sobre o tal Shoultz... Sebastian Shoultz e esse italianinho...Guilhermo... Os dois estão dando-me trabalho com essa conversa mole de tolerância, convivência e outros absurdos que nós sabemos que ficam muito bonitos nos livros e discursos. Na prática, é apenas ceder o que é nosso para os invasores.

— Vamos dar um jeito neles meu Führer! Só o que precisa é dar a ordem. Meus rapazes detestam esses traidores da pátria... Esse Sebastian não merece a cor nem a nacionalidade que tem!

— Não use essa palavra em vão rapaz! Sou seu líder sim, mas Führer, só existiu um, e este foi injustiçado pelos canalhas. — falsa modéstia. Müler adorava ser comparado a Hitler. Seu ego doentio inflava e alimentava seus sonhos megalomaníacos. — Além do mais, temos que ter paciência. Sebastian Shoultz tornou-se muito conhecido aqui e no exterior. Sua campanha para o parlamento está ganhando força nos partidos de esquerda. Se ele vencer nas eleições vai ficar pior... Temos aliados na política que não o querem como colega. Sem sombra de dúvidas, ele é um problema a ser resolvido, um obstáculo a ser retirado...

— O que faremos com a garota Sr. Müler? — Perguntou Richard.

— Eu prometo que ela vai cooperar Senhor! É que ela é escocesa... O senhor sabe como é: eles são meio rebeldes mesmo, mas são trabalhadores. — Intercedeu Claus pela namorada temendo a decisão do velho. A essa altura "O" já estava consciente e ouvindo o que se dizia. Ficou aliviada por confirmar a lealdade de Claus. Porém, continuou de olhos fechados para não ser notada.

— Temos um doutor simpatizante que virá tratá-la. — Falou Müler com decisão, enquanto discava para o médico. — E você meu rapaz — certifique-se de que sua namorada cumpra sua missão. É única forma de redimir-se pela insubordinação. Temos que manter o moral elevado. A hierarquia deve ser respeitada e todos devem ver que do contrário implica em punição.

Müler dispensou Claus. Tinha assuntos importantes a tratar com Richard. "O" permaneceu imóvel no sofá, por isso foi deixada ali, aguardando a chegada do doutor. Eles pensaram que ela estivesse ainda desmaiada.

— Richard, nos próximos dias ficará pronta mais uma remessa dos impressos. Essa será a maior de todas. Além do material do movimento, vem também a propaganda do nosso candidato ao parlamento. Você deve imprimir as listas de nomes e endereços que se encontram no computador, para fazer a distribuição. Mas preste atenção: Logo depois de remeter o material, destrua as listas. É muito importante apagar qualquer ligação dos LBs com o nosso político. O pessoal da informática está trabalhando na codificação de tudo. Essa semana todos os nomes serão criptografados e o sistema de endereçamento automatizado e disfarçado como propaganda comercial. — Após terminar com as instruções, Müler retirou-se deixando Richard ao computador.

Ele colocou as lista para imprimir. Enquanto a máquina trabalhava, virou-se para o sofá. Viu "O" ainda deitada. Sorrateiramente aproximou-se escorregando com a cadeira do computador. Levantou-se um pouco e deu uma olhada rápida no salão.

O grupo tomava café, ninguém na escada. Voltou-se para a garota que fingia estar desfalecida. Começou tocá-la, beijou sua boca. Suas mãos grossas de unhas encardidas apoucavam os seios da escocesa por baixo da camiseta rasgada e manchada de sangue.

"O" não podia fazer nada. Se descobrissem que ela tinha ouvido tudo, aí sim, ela seria mais uma drogada morta por overdose nos becos de Berlim. Ele começara desabotoar suas calças, isso ela não iria suportar. Ser penetrada por aquele ser desprezível provocou-lhe ânsia de vômito. O maníaco interpretou apenas como a agonia de alguém muito ferido para se defender. Tapou-lhe a boca com uma mão e com a outra se preparou-se para consumar o estupro... De repente alguém gritou lá de baixo:

— Richard! Tem um homem lá fora te procurando!

Ele pulou de lado com o susto. Abotoou sua calça e a da garota. Saiu se recompondo, enxugando o suor do rosto.

"O" não pode conter o choro nem o vômito. Levantou-se atordoada quase em choque. Estava nervosa, sua cabeça confusa, tentava pensar no que fazer, antes que Richard voltasse para concluir o que começara. Olhou o computador, sem saber exatamente o que queria, conectou-se a internet. Pensou mandar uma mensagem para alguém, um pedido de ajuda. Lembrou de Dharma. Digitou umas frases rápidas, desconexas. Sua mente não funcionava direito. O arquivo das listas estava aberto. Ela o anexou ao e-mail. Talvez servisse para alguma coisa. Pensou em incriminar aquele bando que só lhe trouxera sofrimento. Ouviu passos na escada de ferro. Mandou a mensagem e voltou rapidamente para o sofá. Só deu tempo de se sentar.

— É essa a paciente? — O médico chegara com Richard. "O" sentiu-se melhor com a presença do doutor nazista, mas antes de tudo, doutor. — Ela não parece tão mal quando você me disse. Acabou despertando sozinha. Talvez sejam apenas escoriações superficiais.

Richard sentou-se novamente ao computador enquanto o médico examinava "O". Seu olhar era desconfiado, estranhou encontrar a garota sentada.

Aquele médico nem poderia imaginar o quanto ela estava ferida por dentro. Sua alma dilacerada, seu orgulho ferido e seu amor próprio quase moribundo. Naquele momento, só uma coisa era bem clara em sua mente: iria fugir do grupo na primeira oportunidade, com ou sem Claus.

Dois dias se passaram e a oportunidade não chegara ainda. "O" pedira mais uma vez a Claus para irem embora. Ele estava mudado depois do que acontecera, mas estava mais inseguro do que nunca. Disse para namorada que não era assim tão simples desligar-se do grupo. Eles sabiam demais. Nisso ele tinha razão. Teriam que ter paciência, principalmente agora que "O" era o centro das atenções.

Iria protagonizar uma importante ação para provar que era de confiança. Era algo que teria que fazer gostando ou não. Chegara o dia da bomba.

Fora treinada e instruída exaustivamente por Richard. Ela estava apavorada, suas mãos tremiam segurando o pacote. Um suor frio escorria por elas, fazendo com que ficasse mais nervosa ainda. Temia deixar que aquilo caísse e aí: "cabuuum"!

Usava grandes óculos escuros tentando esconder o olho roxo e os arranhões no rosto. Seu corpo dolorido, coberto de hematomas, incomodava menos que a cabeça. Esta, coberta por uma peruca preta, fora raspada à faca pela mesma turba que a espancara brutalmente. Os cortes resultantes da imperícia dos barbeiros e da inadequação do instrumento, agora ardiam e coçavam, irritados no contato com o tecido sintético da peruca. A longa capa, os sapatos de salto e a bolsa tira-colo, compunham o disfarce para torná-la discreta na missão. Pois os imigrantes viviam já de olho nos *Skinheads* com seu visual peculiar.

As instruções que recebera eram sérias:

1- Não balance, esbarre ou sacuda.

2- Sente-se ao balcão e peça um refrigerante.

3- Coloque o pacote no chão, tome um copo da bebida e saia rapidamente deixando o pacote, sem chamar a atenção. "Só terá cinco minutos antes da explosão!".

O "pacote", na verdade, era um artefato caseiro, montado numa caixa de sapatos. Canos de PVC contendo pólvora prensada, um saco de pregos e um frasco de gasolina, amarrados firmemente em volta de um pavio. Este, atado a um dispositivo feito com uma pedra de isqueiro e um pequeno brinquedo a corda. Dentro da caixa fazia um ruído baixinho enquanto a rodinha metálica da inocente miniatura de Mercedes, girando em alta velocidade, ia aproximando-se da pedra geradora da faísca.

"Artefato? Para mim não deixa de ser uma bomba!" Pensava a garota escocesa enquanto caminhava em direção à lanchonete paquistanesa no centro da movimentada Berlim. Sua mente confusa e assustada tentava em vão compreender, como tinha se metido naquela fria. Ao entrar viu poucas pessoas sentadas às velhas mesas de madeira. A maioria imigrante provinda do Paquistão, Arábia ou Afeganistão. Não viu crianças, "menos pior", pensou. "Não gostaria de machucá-las". Ela realmente acreditava na não letalidade do artefato, porém, buscou um canto mais isolado do balcão.

"Paixão, doença das doenças... Ela cega confunde, ensurdece e torna qualquer um escravo de seu objeto de desejo". Fora a paixão por um homem que deixara aquela moça doce e educada, susceptível à influência nefasta que lhe guiava naquele momento.

Claus e Richard esperavam no outro lado da rua

disfarçadamente junto à banca de jornais. Com um jornal aberto nas mãos, fingiam procurar algo nos classificados. Claus que vinha vigiando o lugar há alguns dias, comentava com seu líder, sobre a estranha movimentação no andar de cima da lanchonete. Vários homens entravam e saiam constantemente. Possivelmente parentes do dono da lanchonete, mas que vinham e iam com envelopes e às vezes equipamentos de informática. Andavam em duas magníficas Mercedes do ano. O que deixava Claus pensando porque precisavam daquele velho cortiço numa rua apagada do centro. Já que pareciam ter bastante dinheiro.

— É isso que eu lhe digo meu amigo... Esses caras vêem de lá da terra deles para cometer crimes aqui! — Falava Richard com indignação. — No mínimo, são traficantes ou contrabandistas... Nosso estado gasta uma fortuna para prender e depois alimentar esses macacos árabes na prisão. Tem que matar! Tem que ma...

Foram repentinamente interrompidos com a explosão! A vidraça estilhaçou-se pela rua junto com um grande clarão de fogo, seguido pela grossa fumaça preta. Claus apavorou-se, não vira "O" sair. Tentou correr para procurá-la. Richard o impediu.

— Espere, não podemos nos envolver. A polícia vai chegar em instantes...

Algumas pessoas saíram cambaleantes da loja em chamas. "O" era uma delas. Parecia ferida mancando desnorteada pela calçada. Caiu sentada. Claus correu a ampará-la, Richard o seguiu a contra gosto.

Ela estava muito abalada com o susto, mas seu estado não parecia grave. Tinha um prego cravado na coxa que sangrava. Claus ajudou-a a levantar-se.

Richard ficou observando a estranha reação dos homens do andar superior. Mais ou menos uns dez imigrantes tinham descido rapidamente, mas não pareciam estar interessados nas pessoas da lanchonete. Apressavam-se colocando caixas com documentos dentro das Mercedes. Quatro deles ficaram parados, olhando para rua preocupadamente. Trajavam longas capas dando a entender que portavam armas por baixo delas. Quando ouviram as sirenes da polícia, entraram rapidamente nos carros e saíram queimando pneus. Na fuga deixaram cair uma pasta com papéis. Richard a apanhou por curiosidade. Um dos homens no carro pareceu vê-lo, mas era tarde para voltar. Dobraram na esquina e sumiram.

Os três *skinheads* também deixaram o lugar com a chegada das autoridades. O furgão do Covil esperava-os na rua adjacente.

Flesha dirigia o veículo, Martha e Richard ficaram no segundo banco, Claus e "O" no terceiro. Richard abriu a pasta que trouxera. Pareciam mapas com setas e linhas pontilhadas. Para ele não faziam sentido. Nada relacionado a drogas ou contrabando.

— Deixe-me ver... — Martha pegou os papeis. — São mapas sim... Na verdade algum tipo de plano de vôo eu acho... Veja: aqui tem altitude, velocidade. Isso é o aeroporto... NY deve ser New York, ou seja, Nova York nos Estados Unidos...

— Deviam estar montando uma agência de viagens ou companhia aérea. — Sugeriu Flesha.

— Os macacos árabes já estão até exportando imigrantes ilegais para os States! — Debochou Richard.

— É esquisito... As setas saem do aeroporto, mas apontam para a própria cidade! Deve estar errado, por isso eles abandonaram. — Concluiu Martha.

Richard concordou e atirou os papeis pela janela. Seguiram rumo ao Covil para comemorar o êxito da missão.

"O" chorava muito. O fragmento da bomba ainda estava na sua coxa. No entanto, era a lembrança do que cometera que a angustiava mais. Relatou o que lhe atrasara. Um casal sentara-se junto ao pacote quando ela ia saindo. Teve que voltar e trocá-lo de lugar. Quase não teve tempo para tanto.

— Você é mesmo esquisita garota! — Comentou Richard num tom de gozação. — Arriscou o seu rabo por aquelas pessoas que nem dão a mínima por você... Mas tenho que admitir, sua coragem provou sua lealdade...

"O" conteve a raiva e desprezo pelo interlocutor. Olhou para Claus que pressionava um pedaço de pano sobre o ferimento em sua perna. Ele entendeu o seu olhar e concordou com a cabeça. Teriam que fazer esse jogo até que pudessem escapar. Tudo aquilo já tinha ido longe de mais.

[1]*Città degli imperatori, città dei politici...*
Tutti i sensi condotti adesso: Roma.

Em Roma os primos separaram-se dos argentinos. Depois de três dias juntos pelas ruas de trânsito caótico daquela vibrante cidade. Andando entre Ferraris e Vespas barulhentas. Decidiram-se por um lugar mais calmo e romântico como Veneza. Mas não antes de darem uma passada geral pelos tantos cartões postais que esbanja imodestamente àquela histórica cidade, "a luz do mundo", como era conhecida nos tempos de império. O Coliseu com suas dimensões grandiosas, o Foro Romano, a Piazza Navona com seus cafés e artistas, os museus do Vaticano com obras de Michelangelo e Caravaggio. Tantas coisas a serem vistas e admiradas...

No último dia foram conhecer na Scalinata di Spagna, uma magnífica escadaria na Praça da Espanha que conduz a uma bela igreja no topo. Ficaram vendo o pôr do sol romano naquele *point* de turistas no centro histórico. Depois passaram no albergue que ficava estrategicamente próximo à estação na via Solferino. Era mais um que se chamava "Backpackers" como tantos outros, mas que não pertencia a nenhuma rede ou coisa parecida. Só mais uma espelunca barata que, no entanto, valia a pena pelo preço e por ser perto dos trens.

Pegaram as mochilas e despediram-se de Maradona, Pablo e Estácio. Esses ficariam mais um dia e depois partiriam para Paris. Kácio e Dharma tinham outros planos. Queriam principalmente ver a neve nas montanhas dos Alpes e depois parar em Amsterdã.

[1]*Cidade dos imperadores, cidade dos políticos... Todos os caminhos levavam a ela: Roma.* (italiano)

Primeiro desceram em Veneza. Por engano saltaram do trem na estação errada, Stazione Venezia-Mestre, que na verdade refere-se a uma cidade industrial ainda no continente. Pegaram outro trem para Stazione Venezia-Santa Lucia. Aí sim: La Seteníssima, Veneza, um paraíso de tranqüilidade depois das aventuras na Riviera francesa e da agitação de Roma.

Dharma apaixonou-se. Era como se um pedaço da Renascença estivesse ali, parado no tempo como uma foto. A ausência da poluição sonora das grandes cidades era acalentadora. Não havia buzinas de automóveis, pois não havia automóveis! Apenas as vozes dos tantos turistas extasiados com tamanha beleza, elogiando seus canais, igrejas e palácios, cada qual em seu próprio idioma.

Kácio acompanhava a prima sem maior entusiasmo. Não que tivesse detestado. É impossível não gostar daquela cidade única, situada a quatro quilômetros da terra firme numa grande lagoa junto ao mar. Ligada ao continente apenas pela Ponte della Libertá. Contudo não era sua praia. "Calma em excesso". Frisou o rapaz. Mas algo trouxe um pouco de adrenalina para o brasileiro no segundo dia...

Tinham evitado o Albergue da Juventude que ficava numa ilha separada. Optaram por um pequeno hotel que ofereceu um preço razoável na diária. Veneza era a Paris da Itália no que se referia aos preços: caríssimos! Mas quando se esta disposto a gastar um pouco da sola do sapato, e não se incomoda de dar uma boa chorada, sempre se consegue um preço melhor. E eles conseguiram depois de uma longa procura, com as mochilas às costas, entrando e saindo das pequenas ruas de endereços confusos.

Pegaram bem cedo o Vaporetti, uma espécie de ônibus flutuante. Cruzaram a cidade pelo Canal Grande que é a principal avenida dividindo-a em duas bandas. Foram da estação até a

Piazza San Marco, passando por baixo de belas pontes como a magnífica Rialto de mármore branco: inconfundível e inesquecível. Deslumbraram-se com os coloridos Palazzis e as belas Chiesas, igrejas maravilhosas com seus mosaicos bizantinos. Uma junção ímpar da renascença com o gótico.

Saltaram em San Marco. A grandiosidade da praça contrastava com os estreitos becos e canais apertados no resto da cidade. Dharma encantou-se com a Basílica di San Marco. Sua arquitetura era, sobretudo bizantina, suntuosamente decorada com mosaicos. O brilho do ouro espalhado em seu interior era algo estonteante. Não era sem motivos ser conhecida como Chiesa d'Ouro. Uma herança dos ricos tempos quando a poderosa Veneza era a principal passagem européia entre o oriente e o ocidente. Um portão para todos os tesouros que circulavam no mundo civilizado há mil anos.

Kácio escapara da visita religiosa, ficando na praça divertindo-se com os pombos e os turistas. Era engraçado quando algumas distraídas senhoras ou crianças resolviam alimentar os inocentes pombinhos. Na verdade eram centenas de aves esfomeadas que ao verem comida simplesmente enlouqueciam! Algumas pessoas ficavam tranqüilas, servindo de poleiro. Outras, porém, apavoravam-se com a revoada repentina dos bichos para cima de quem os alimentasse.

O dia transcorria maravilhosamente. Kácio estava um pouco sonolento, tinha o sono atrasado devido às constantes noitadas que vinha tendo com os argentinos desde Barcelona. Saíram de San Marco e entraram por umas ruelas apertadas, com lojinhas e restaurantes, apinhadas de turistas, especialmente ingleses. Uma grande excursão escolar desembarcara na cidade, quebrando um pouco o silêncio com o temperamento expansivo dos jovens e adolescentes.

Dharma sempre mais curiosa devido ao seu olhar de artista ou pela simples razão de ser mulher, não perdia uma lojinha! Cada banca de artesanato era um continente a ser explorado. Cada vitrine, uma paisagem a se admirar! Kácio ia ficando cada vez mais para trás. Já há alguns minutos vinha apenas seguindo a prima a distância enquanto olhava o movimento das garotas da excursão. Algumas eram bem atraentes. Uma em especial chamara-lhe a atenção, parecia-se com Maria. Eles trocaram alguns olhares... Sorrisos... Ele pensou em aproximar-se. "É bom dar um toque na Dharma para gente não se perder..." Pensou com bom senso. Só que tardiamente.

— Ué... Cadê ela? — Ele perdera-a de vista na multidão. "Tudo bem deve ter entrado na loja". Pensou o distraído brasileiro. Fez um aceno para a paquera, num gesto que voltava logo. Apertou o passo até a lojinha da esquina. Não estava lá. Andou na rua paralela, não a viu. Vasculhou nas redondezas, não a encontrou. — Fudeu! — Admitiu para si mesmo, estava perdido.

Inicialmente permaneceu tranqüilo. Pensou mesmo em voltar para conhecer a colegial, esperando que a prima sentisse sua falta. Mas foi esticando a busca por alguns minutos entre a multidão nas estreitas calçadas. Nada da prima. Os minutos tornaram-se horas, a tranqüilidade em apreensão.

Enquanto procurava percebeu o quanto estava despreparado, dependente da experiência de Dharma. A prima costumava andar com uma pequena bolsa de couro, onde carregava *travel* cheques, alguns documentos e às vezes, os pertences do folgado companheiro. Justamente naquele dia, deixara com ela o dinheiro, passaporte e o cartão com o endereço do hotel, cujo qual infelizmente esquecera o nome. É a teoria do caos em prática, mostrando que as coisas tendem para desordem e quando dão erradas, o fazem da melhor maneira possível. Ou seja, a pior para nós.

Perdera-se pela manhã, à noite se aproximava. Kácio observava pelas vidraças que alguns restaurantes já acendiam velas sobre as mesas à espera dos turistas para românticos e deliciosos jantares. Seu estômago roncava tão alto que às vezes o assustava. Sua boca estava completamente seca. Não bebera nada até àquela hora.

Há muito se esquecera da paquera da excursão. Entrava e saia dos becos, atravessava as pequenas pontes que unem um lado a outro das ruas venezianas. Descansava nos poucos bancos que encontrava em pequenos pátios. Aprendera muito sobre a arquitetura daquela cidade. Vira que se trata de um verdadeiro labirinto, onde as "ruas", na verdade canais, nem sempre têm saída. As centenas de pontes que tornam possível o acesso, muitas vezes se mostram mal distribuídas. Acontecia de andar por meia hora numa direção e depois perceber que chegara num ponto sem travessia.

Se fosse Dharma perdida, provavelmente estaria se deliciando do acaso em tão aprazível lugar. Teria aproveitado para conhecer os comerciantes pedindo informações. Conversaria com os condutores de gôndolas, pegaria carona com eles. Possivelmente, faria amizade com os garçons dos restaurantes, garantindo o jantar em troca de uma força na lavagem dos pratos. Kácio infortunadamente, não tinha o jogo de cintura da prima. As poucas vezes que pedira alguma informação, não entendera a resposta no "italianglês" dos venezianos. Já se conformara em dormir sobre um banco, coberto por papelão, em frente de uma charmosa cantina de massas.

Um rapaz bonito, bem vestido num terno azul sem gravata, com a elegância tão característica dos italianos, estava a porta da cantina. Aproximou-se do brasileiro desanimado no banco. Ele vinha observando Kácio sozinho no pátio, àquela hora. Pensou conhecê-lo.

— Com licença, por acaso você é o primo da Dharma. — Perguntou o jovem de cabelo anelado e rosto oval classicamente belo. Kácio ergueu a cabeça não reconhecendo o sujeito.

— Sou sim... E gostaria muito saber onde ela se encontra. — Respondeu meio rabugento, mas contente de encontrar alguém. Ou melhor, ser encontrado.

— Você não deve lembrar de mim. Mas fomos apresentados em Fort Wilian, na festa do albergue. Meu nome é Guilhermo. — Estendeu a mão com gentileza para o brasileiro. Kácio então se recordou do amigo italiano do namorado da prima. Explicou rapidamente sua horrível situação: perdido, com fome e sede. — Minha mama é a proprietária da cantina, por que não entramos e pensamos no que fazer enquanto você come um espaguete bem quentinho.

Num momento, estavam os dois sentados à mesa de toalhas em xadrez verde, da aconchegante cantina de comida típica. Tinha música ao vivo e tudo. Kácio nem reparou na música, capricho da decoração ou mesmo na conversa de Guilhermo. Tinha alguém que ele precisava ouvir primeiro: seu estômago.

Depois de muito pensarem na melhor maneira de encontrar Dharma, já que Kácio definitivamente não se lembrava do nome do Hotel, sobraram duas alternativas. A primeira era checar no centro de informação ao turista, próximo a estação, se ela deixara algum recado no mural pensando que o primo conseguiria chegar ali. Mas isso, só pela manhã, pois fechava às três da tarde no inverno. A segunda opção, um pouco mais radical, era ir até a polícia. "Talvez Dharma tenha registrado ocorrência não vendo outra solução". Vislumbrou Guilhermo. Se assim fora, poderiam pegar a informação do hotel no formulário de ocorrência na delegacia.

Pegaram a lancha da família do italiano e singraram os canais rumo ao pequeno posto policial que não era longe.

Nem precisaram entrar. Dharma estava sentada na pequena sala de espera. Sem saber o que fazer ou onde mais procurar. O reencontro foi emocionante!

— Seu puto! Você pôs-me louca! — Ela o abraçou enquanto lhe dava uns tapas e pontapés. De amor é claro.

— Dá um tempo pro rapaz... Afinal, a culpada foi da tal garota bonita da excursão. — Brincou Guilhermo que fora ignorado pela brasileira até ali.

Dharma ficou muito feliz por encontrar o amigo. Principalmente pelo serviço que ele, coincidentemente lhe prestara. Lembrou novamente do desenho de Van que guardara na mochila. Ele continha a estranha inscrição: coincidências são como duas estradas que se cruzam. "E como se cruzam!" Pensou.

A lua surgira por cima dos velhos telhados dos casarões. Seu brilho espalhava-se difuso nas ondulações das marolas que a pequena lancha produzia ao deslizar suavemente nos canais de Veneza. Os três amigos passeavam agora relaxados pelas águas frias, bebericando um bom vinho que Guilhermo comprara próximo à delegacia, para comemorar o que ele chamou: "incontro felice".

Vinha botando-lhes a par das novidades das últimas semanas. Seu novo trabalho como assessor especial de Sebastian Schultz, para assuntos relacionados a trânsito de pessoas na Europa. Daí sua mudança no visual: o terno garantia-lhe maior credibilidade com os políticos. Evitara a gravata... "Seria demais um backpaker engravatado!" Brincou.

Tinha vindo apenas visitar a "mama". Partiria na próxima noite para Copenhague a trabalho. Ia para organizar uma palestra de seu candidato alemão naquela cidade.

— A propósito, tenho notícias de Van, se é que isso interessa... — Falou provocando Dharma.

— E como vai ele? — Ela tentou não demonstrar sua euforia

quanto ao distante namorado. Na verdade vinha se segurando até aquele momento. Não queria interromper os relatos pessoais de Guilhermo, nem entregar de bandeja a sua dor de cotovelo para o melhor amigo de Van.

— Fisicamente: bem. Intelectualmente... Confuso. Emocionalmente, acho que bem deprimido. Estive com ele na semana passada. Não tem conseguido concentrar-se no trabalho. Por sorte seu marchand vem organizando sozinho a exposição. Van não conversa muito sobre si mesmo, você deve saber. Mas pelo pouco que me contou, pude perceber que sente muito a sua falta. — Seguiu Guilhermo comentando a depressão de seu amigo e mentor dinamarquês.

Ancoraram a lancha num ponto afastado da pequena cidade aquática. De lá se avistava suas casas e pequenos edifícios históricos, tingidos pela luz do luar. Kácio exausto pelo dia corrido, adormecera no banco de trás da embarcação. Dharma e Guilhermo conversaram até altas horas, revezando-se em pequenos goles de gargalo da segunda garrafa de vinho.

Já amaciada pela bebida, a língua da brasileira soltara-se. Confessou ao amigo o quanto sentia a falta do namorado também. "Mas foi ele que quis assim!" Relembrou a separação.

— Eu nunca conheci alguém assim, tão experiente, tão encantador... Mas ao mesmo tempo inseguro e influenciável. — Queixava-se Dharma.

— Mas eu acho que isso não dura. Ele me pareceu arrependido... — Retrucou Guilhermo.

Uma pequena luz de esperança brilhou para Dharma. Contudo não se sentiu assim tão empolgada. Tinha medo de se machucar novamente, alimentando aquele desejo de reencontro. Sentiu até mesmo uma pontinha de orgulho endurecendo-lhe o coração e inflando o ego.

Esfriara muito na madrugada. Resolveram retornar à cantina

da mãe de Guilhermo para fazer uma boquinha. Estava tudo trancado, mas o italiano tinha as chaves.

Mesmo sem querer, acabaram acordando a robusta senhora que além de proprietária, era a alma culinária do lugar e uma perfeita anfitriã. Insistiu em ela mesma preparar uma enorme pizza à moda da casa para o filho e seus amigos estrangeiros. Sentia prazer ao servir os "bambinos" como se referiu carinhosamente aos convidados de seu caçula. Findaram pernoitando por ali mesmo depois de devorarem as grossas fatias da massa.

O outro dia foi perfeito. O sol resolveu aparecer depois da noite enluarada. Guilhermo ofereceu-se para levar os primos numa visita à Murano: uma das outras três ilhas à repartir a laguna com Veneza. Dharma ficara interessadíssima nos trabalhos em vidro que são a especialidade do lugar. Visitaram o Museu Vetrario com uma incrível coleção de taças, garrafas, esculturas, candelabros e tudo o que se possa imaginar, feitos de vidro. Alguns com centenas de anos. As fábricas de Murano são famosas pela qualidade centenária de seu vidro e seus artesãos: os mais experientes e talentosos do mundo.

Passearam pela cidade depois foram almoçar em Torcello, outra ilha, famosa por abrigar a igreja mais antiga da região. Na parte da tarde Guilhermo levou-os por alguns lugares desconhecidos dos guias turísticos, mas bem pitorescos de Veneza. Por último assistiram a um agradável concerto de música barroca na Chiesa della Pietà, onde viveu e trabalhou o virtuoso compositor Antonio Vivalde. Até Kácio se arrepiou com a força da música clássica ecoando naquele lugar tão inspirador.

Às dez horas da noite desembarcaram os três na Stazione Venezia-Santa Lucia, prontos para viajar. Traziam cada um, cuidadosamente embrulhados em pequenas toalhas xadrezes, deliciosos pãezinhos feitos pela mama de Guilhermo. A adorável e gorducha senhora assara os mesmos especialmente para viagem de seus "bambinos". Ela os conduzira em sua lancha até a estação. Chorara à valer na despedida do filho e até com os brasileiros. Aquele materno coração se afeiçoava tão facilmente... Mostrando o quão passional é a índole italiana, sobretudo a das mamas.

Kácio observou a admirável mulher sair pilotando seu barco, tranqüilamente por entre o conturbado trânsito no cais da estação. "Cozinheira, piloto... É uma super mãe!" Pensou com veneração. Embora fosse da natureza daquele povo, o zelo com os filhos e a habilidade culinária. Quanto à pilotagem da lancha: ora, era apenas o "carro da família" naquela cidade aquática. O brasileiro reparou também na bagagem do amigo italiano: uma bela mala de couro pintado. Ela combinava perfeitamente com o moço de terno bem passado e sapatos de bico fino. Olhou para sua própria mochila, o jeans amarrotado, a camiseta um pouco encardida... Lembrou da mala de grife que despachara para o Brasil e por incrível que pareça, sentiu-se bem. Percebeu que algo estava acontecendo com ele, algo estava mudando dentro de si. Uma sede de aventura, uma vontade de conhecer, de sentir e absorver culturas diferentes vinha crescendo em seu espírito. Estava "contaminado pela febre dos mochileiros".

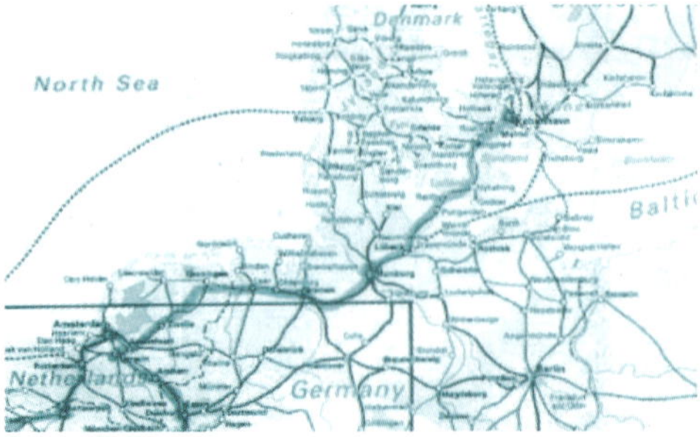

[1]Die schlechte war germacht. Jetz werinem, bedavern, nichts mehr zu fun.

No Covil, a comemoração do sucesso na missão contra a lanchonete paquistanesa fora grandiosa. Uma festa de dois dias com muita bebida e até fogos de artifício divertira os *skinheads*. Só pararam de comemorar quando a imprensa noticiou que a polícia tinha pistas sobre os autores, e tudo apontava para grupos neonazistas.

Müler temendo as investigações enviou uma parte de seus rapazes e moças para fora do país. Mandou que Richard os levasse para a Dinamarca, onde havia muito trabalho a ser feito na gráfica. O novo material de propaganda fora todo impresso. Eles fariam o etiquetamento para a postagem. Assim, tirando de circulação os principais envolvidos no recente atentado, poderia mexer os seus pauzinhos com as autoridades, na qual tinha alguns simpatizantes. Em alguns dias o caso seria arquivado, a imprensa se calaria e a barra ficaria limpa para o Covil. Era justamente o tempo para o grupo voltar depois de encerrado o trabalho na gráfica.

Claus e "O" já vinham amadurecendo sua idéia de fuga desde o sinistro evento. A escocesa ficara profundamente desiludida ao ver os noticiários sobre a bomba. Ela conseguira livrar o inocente casal na lanchonete, no entanto, um balconista se encontrava gravemente ferido no hospital. Ferira o olho na explosão, e tinha profundas queimaduras que lhe ameaçavam a vida.

Por sorte, a descrição de sua pessoa como suspeita, levava as

[1]*O mal estava feito. Agora chorar, lamentar, não restava outra coisa.* (alemão)

buscas em outra direção devido ao disfarce. Mesmo isso não a fazia sentir-se menos culpada. Sua consciência lhe doía mais que a ferida infeccionada em sua coxa.

Claus e Richard, porém, tinham seus retratos falados bem fiéis, descritos pelo dono da banca de jornais onde os dois aguardaram naquele dia. Precisavam andar disfarçados com roupas comuns e cabeças cobertas com bonés.

O grupo, uns vinte e poucos jovens, pouco menos que a metade dos LBs, dividira-se e embarcara em trens diferentes para não chamar a atenção. Claus e "O" vinham com Flesha, dois rapazes de Berlim e Richard. Tomaram o trem para Rostock, onde fariam a conexão para Copenhague.

Claus tinha tudo planejado. Instruiu sua companheira para que ficasse preparada para o momento da troca de trens. Iriam fugir.

O pequeno grupo estava na estação, junto ao trem de Copenhague, esperando a ordem de embarque. "O" então disse que precisava ir ao banheiro como o combinado com Claus. Ele planejara ir à sua busca para apressá-la justamente quando os outros estivessem embarcando. Perfeito. Isso se Flesha não a tivesse seguido até o toalete. "Também estou com vontade". Enfatizou.

Claus ficou perguntando-se: era verdade a necessidade da alemã, ou Richard queria "O" vigiada? "Talvez ele tenha desconfiado dos nossos planos..." Pensou com apreensão, pois só teria uma chance. Falhando, atrairia para ambos a atenção e a ira de seu líder.

Pensou em desistir e aguardar uma oportunidade melhor. Provavelmente, as duas garotas voltariam em instantes. O Plano falhara.

— Claus, vá até ao toalete e traga as duas, rápido... — Disse Richard ao ouvir o comando de embarque da estação. — Nós vamos pegando os lugares, não se preocupe com as mochilas.

Claus se apressou por entre as dezenas de pessoas que se aglomeravam na direção das portas do trem. Pensava consigo: "que sorte e azar ao mesmo tempo! Ser mandado justamente pelo chefe, porém, essa Flesha estragará tudo!" Pensou tentar assim mesmo, mas temia que a compatriota o delatasse rapidamente para o líder do grupo.

— Por que demorou tanto? — Questionou "O" impaciente junto à porta do banheiro.

— Onde está a garota? — Perguntou Claus.

— Ora, está lá dentro! Trancada e bem zangada, espero...— Respondeu "O" meio irônica. Saindo um pouco de sua habitual doçura. Também, depois de tudo que vinha passando, até aquele meigo coração endurecia-se aos poucos, deixando fluir lá os seus rumores de cinismo. Utilizara-se do cabo de um esfregão deixado pela faxineira, para escorar a porta do banheiro onde Flesha se encontrava. Ao sair não resistindo à tentação, despejou-o a água suja e fria do balde sobre a *skinhead* que tanto lhe maltratara.

Os dois saíram correndo e atravessaram os trilhos pela passarela. Pegaram o trem que ia à direção contrária, justamente para Hamburgo. Voltariam à casa dos pais de Claus. Precisavam de ajuda. Suas mochilas haviam ficado com o grupo que partira no outro trem.

Inicialmente o pai do alemão mostrou-se reticente em ajudar os fugitivos dos *skinheads* e também procurados pela polícia de Berlim. A mãe, porém, depois de ouvir a triste história contada pela escocesa, de como eles tinham se envolvido em tudo, convenceu o marido a dar dinheiro que ambos haviam poupado.

Com isso o casal poderia fugir para algum lugar distante, talvez América.

Após o almoço Claus saiu para trocar o cheque no banco e comprar os dólares para a viagem. Estava nervoso, mas confiante. Conseguiria sair dessa, e pretendia compensar todo o sofrimento que causara à sua namorada. Pegou-se tendo um autêntico pensamento de carinho por aquela que outrora, usara apenas como apoio em suas crises com Dharma. Lembrou da ex-namorada, confirmou em seus sentimentos que a descurtira. Que a aquela paixão pela brasileira não lhe trouxera nada além do que a feliz proximidade de sua atual namorada: Elizabeth O'connor. Por um momento imaginou-se abraçado a doce ruivinha numa ensolarada praia da Califórnia... Tudo graças aos seus pais, a quem tanto trouxera problemas desde a adolescência, mas que agora lhe davam o apoio que precisava para se safar. "É hora de mudar, crescer". Pensou o rapaz, imaginando um futuro melhor para ele e a garota que gostava.

Um impacto dolorido em seu rosto, subitamente o atirou ao chão. Nem praia, nem namorada... Na sua frente apenas a figura macabra do ex-amigo, ex-companheiro... Atual carrasco: Richard.

O líder dos LBs astutamente deduzira seus passos. Era claro que pedira ajuda aos pais. Richard saltara do trem logo que percebera a fuga. Viera só, e com apenas um objetivo: eliminar o casal de traidores. Estava ali parado de pé, com um pedaço de pau nas poderosas e habilidosas mãos. A rua de subúrbio, numa tarde de inverno frio, estava completamente vazia. Ele não teria dificuldade em cumprir sua missão.

— Levante-se traidor! Receba o castigo como um homem! — Gritou o *skinhead* com fúria. Mas em sua cabeça, o intuito de matar o rapaz reduzira-se a uma lição. Mesmo antes de baterlhe com o bastão improvisado, tomara o cuidado de enrolar a camisa na arma diminuindo seu efeito letal. Claus levantou-se com dificuldade, contudo, decidira enfrentar o ex-companheiro de lutas uma vez por todas. Buscou forças para se recompor, era uma briga de vida ou morte, pensou em "O", por ela tinha que vencer tinha que...

Outro golpe com o pau, agora sobre a orelha, partindo-lhe a cartilagem. Começou a sangrar abundantemente. Claus ainda teve forças para voar sobre o oponente segurando-lhe o pescoço. Mas o adversário desvencilhou-se habilmente aplicando uma chave de braço, fazendo Claus cair de joelhos e de costas para o seu líder. Agora, Richard o tinha como queria. Com um mata-leão, um tipo de imobilização usada em lutas de Vale-tudo, estrangulava sua vítima quase sem esforço. Claus limitava-se a produzir os sons abafados de asfixiosa agonia. Estava subjugado.

— E agora meu amiguinho? O que faço com você? — Richard afrouxou um pouco o aperto na garganta do rapaz. Não queria que desfalecesse, pois tinha coisas para lhe falar. — Você vai voltar na casa dos velhos, vai pegar a escocesa aí partimos para Dinamarca...

— Nunca... Pode me matar... Ela fica! — Conseguiu responder Claus, com dificuldade na fala.

— Você não entendeu! É uma escolha simples: ou vocês vêm conosco, ou vamos acabar não só com você. Primeiro aquela velha gorda da sua mãe, depois o comedor de salsichas do seu pai. E por último o prato principal: a ruivinha. Ela morre de pancada depois de todos os caras do Covil se deliciarem entre as coxas sardentas da piranha!

Sem saída... Claus entregou os pontos. Humilhado e machucado, caminhava de volta à casa dos pais, seguido de perto por Richard. No seu pensamento apenas confusão e lamento. Mesmo que escapasse com a namorada, não conseguiria impedir a vingança dos *Skinheads* sobre sua família. O cheque dado pelo pai fora confiscado por Richard. "Uma contribuição para nossa causa!" Disse o ladrão quando lhe tomou. Já não bastasse toda a encrenca que ele e a escocesa estavam metidos, agora seus pais perdiam todas as suas economias inutilmente, e ainda corriam risco de vida.

Ligou para "O" da esquina da rua, dando uma desculpa qualquer para que ela viesse a seu encontro. Richard mandara não envolver os velhos, no que ele obedeceu. Quando contou a situação à namorada, sentiu seu próprio coração partir-se, vendo o semblante de desespero contido da garota. O rosto alvo ficara pálido e frio como a neve. Mas foi sua abnegação, sua aceitação de continuar naquele pesadelo por consideração aos pais do namorado, que o fez admirá-la mais ainda e odiar-se ao mesmo tempo. Tinha sido tão ignorante, nunca notara a força que aquela franzina ruivinha guardava dentro de si.

Uma coisa dita por Richard ao entrarem no trem era o que mais lhe angustiava, levando-lhe quase ao desespero: "A partir de agora a garota é nossa, entendeu?... Sua e minha..." Claus começou a perceber porque o "ex-amigo" os poupara depois da fuga, já que eles sabiam demais e não eram fiéis... Afinal Richard não era tão comprometido assim com a segurança do Covil. Apenas mais um canalha a se aproveitar do poder para satisfazer seus desejos doentios.

Claus sentia-se como outra pessoa. Sua arrogância cedera lugar para sentimentos mais profundos, verdadeiros. Coisas que ele jamais imaginou sentir estavam agora ali, aflorando com o sofrimento. "Pena que fosse tão tarde para se desculpar pelas besteiras que cometera na vida", pensou.

No trem a caminho da capital dinamarquesa os dois iam sentados cabisbaixos de mãos dadas sem trocarem uma palavra. Entregues a seus pensamentos de desânimo e arrependimento. Principalmente Claus, sentia-se profundamente melancólico. Tudo aquilo era sua culpa...

[1]Ze reisden door de bergen en vlakten. Nu, in de lage landen, zouden ze een 'crazy city' leren kennen, het vibrante Amsterdam.

Os brasileiros separaram-se de seu companheiro veneziano em Milão. Guilhermo seguiu no trem cruzando a Áustria em direção a Copenhague. Tinha trabalho a fazer e um amigo a visitar.

Dharma e Kácio ficaram e almoçaram na estação. Andaram pela redondeza da famosa cidade italiana da moda, enquanto aguardavam a partida. Iam numa outra direção: Amsterdã. Antes fariam pequenas paradas em Brig, Lausanne, Genève. Isso, já na Suíça. Tinham pela frente uma das paisagens mais bonitas de todo o mundo: os majestosos Alpes Europeus. Uma pitoresca cadeia montanhosa que une e divide países, encravada entre Suíça, França, Itália, Áustria.

Foram horas prazerosas admirando os brancos picos cobertos de neve nas rochosas Alpinas. Parecia um quadro saído de comercial de chocolate suíço, com direito a vaquinhas no pasto e lindos lagos gelados espelhando o céu, que por sorte, mantinha-se de um azul-chumbo pouco nublado para aquele dia de início de inverno.

O trem ia zigue-zagueando entre as montanhas, passando por pequenas vilas graciosas. Casinhas com neve amontoada nos telhados e crianças brincando com seus trenós nas ruas.

Desceram em Genebra. Uma cidade interessante, com seu espírito universalista de tantos estrangeiros empregados nas centenas de sedes de importantes órgãos internacionais, como a ONU, Cruz Vermelha e etc...

Uma cidade bonita, com o maravilhoso lago Genève de águas azul-esverdiadas, margeando ao longe as montanhas dos Alpes suíços e franceses. Contudo, os viajantes estavam mais interessados em comprar algum pacote turístico para as estações de

[1]Andaram pelas montanhas e planícies. Agora, nas terras baixas, conheceriam uma louca cidade: a vibrante Amsterdã. (holandês)

esqui da região. Kácio principalmente sonhava em colocar uma prancha de snowboard nos pés, e sair deslizando em manobras radicais como vira pela TV nos XGames de Inverno. Não que achasse que seria fácil a prática do esporte, o qual não conhecia, mas, como disse: "no sonho eu posso até voar!".

Porém, o mais próximo que esteve dos esportes de inverno foi o escorregão que levou atravessando a rua. Na pressa e com o peso da mochila nas costas, não pode desviar de uma poça de gelo no asfalto. As pernas foram para o ar numa cena cômica, quase catastrófica. Caiu de costas sobre a mochila que lhe amorteceu a queda, contudo, machucou bastante o cotovelo. Uma chuva fina no dia anterior acumulara um pouco de água pelas calçadas e asfalto. O gelo que se formara era um convite aos acidentes tanto de carros como pessoas. Sobretudo para os desavisados dos trópicos.

Andaram a manhã inteira nas agências de turismo. Procuravam excursões econômicas, nas quais pudessem alugar equipamento e quem sabe dar lá as suas esquiadas. Nada... Disseram-lhes que em dezembro o movimento é muito grande nas montanhas. Talvez para Chamonix ou St. Gervais achassem ainda pacotes, mas, só os luxuosos para os hotéis mais caros. Normalmente as pessoas fazem suas reservas com meses de antecedência.

Os furgões de transporte para as estações faziam viagens ininterruptas por todo o dia, e sempre lotados. Se conseguissem carona para o alto, provavelmente não achariam vaga nos hotéis. E se por milagre arranjassem lugar para ficar, com certeza não haveria esquis disponíveis para alugar.

Kácio desanimara com os preços, a dificuldade e principalmente com a dor no braço. Tomou um analgésico na farmácia e se conformou com a situação.

— Nós tentamos... Talvez na próxima viagem... — Falou para a prima frustrada.

— É... Não se pode ter tudo... Que tal Amsterdã? — Dharma não se abatia com as decepções. Uma vez convencida que falhara. Mudava o semblante, mudava o rumo.

— *Ok* prima. *Let's go!*

Pegaram o TGV para Paris. Um dos trens mais rápidos do mundo. Porém, a sensação da velocidade fica um pouco amortecida devido a ausência de sons e vibrações naquele moderno transporte francês. Mesmo assim, ver o mundo passando pelas janelas a mais de trezentos quilômetros por hora, não deixa de ser uma excitante experiência. É como viajar num torpedo sobre trilhos que se inclinam para dentro das curvas para segurar o veloz bólido.

Depois de alguns minutos vibrando embasbacado com a velocidade, Kácio acabou acostumando-se e se aquietou. O braço ainda doía um pouco. Aproveitou para reler a carta de Maria. Estava com saudades da portuguesinha. Lembrou a prima, que nos últimos dias não tinham checado seus e-mails e deveriam fazê-lo em Amsterdã, principalmente para ver se tinham alguma resposta da "O" depois daquela última mensagem confusa.

Dharma concordou silenciosamente. Continuou calada, olhando a paisagem do lado de fora da janela. Nevava fraquinho sobre as colinas francesas, não o suficiente para cobrir o solo dos campos, que se despediam de seu verde lentamente. Ela se sentia um pouco distante, pensativa... A conversa com Guilhermo abalara-a um pouco. Até então, vinha distraída com o primo em suas aventuras pelas cidades. Saber sobre Van reavivou todo aquele sentimento de perda e solidão que tinha sentido depois que se separaram em Londres.

Kácio vinha puxando assunto. Acabou falando sobre o coronel. Contou à prima que sua mãe, na última mensagem, o havia informado sobre o estado de saúde do tio, o qual não era bom. Ele não comentara nada nem para o sobrinho Kácio. Não queria fazer de seu problema cardíaco, uma chantagem para forçar a volta da filha. Mas o fato é que não estava nada bem, fizera extenuantes exames e aguarda os resultados com pessimismo.

— Espero que fique bom... — Comentou Dharma ainda absorta em seus pensamentos.

— Como assim: "fique bom?" Dharma, acorda! Eu estou falando é do seu pai, e não de um estranho! — Exclamou Kácio decepcionado com o desinteresse da prima.

— Ora primo, não deve ser tão grave assim. O pai tem o coração mais forte que o nosso!

— Você devia pelo menos ligar para ele, saber notícias...

— Não sei... Vou pensar... Se ele não fosse tão orgulhoso, ligava para mim!

— Você quer dizer, tão orgulhoso quanto você mesma... Não? — O primo lhe apertou contra a parede, ela ficou sem resposta.

O trem anunciou o fim do percurso: Paris. Os primos apressaram-se a pegar suas mochilas, pois saia um trem para Amsterdã naquele momento. Correram pela estação depois de umas informações errôneas ou mal entendidas nos guichês. Era sempre assim na França. Eles já não gostam muito de falar o inglês e pior ainda se você estiver com pressa. Quase perderam a condução, mas acabaram pegando um dos muitos trens que saia naquela hora.

Seguiram viagem pela noite. Não conseguiram cabines para se esticarem. Ficaram nas poltronas. Por sorte o vagão não estava muito cheio, dormiram encolhidos, cada um, em dois assentos.

Lá pelas duas da manhã Dharma é acordada pelo primo. O trem parara numa estação e todos estavam descendo. Ele já estava com a mochila dela, entregou-lhe e disse que se apressasse, pois já haviam chegado na cidade holandesa.

— Amsterdã? — Questionou Dharma. — Não pode ser! Só chegaremos pela manhã.

Kácio olhou pela janela e constatou o erro: Antuérpia na Bélgica. Na correria não tinham pegado o trem direto, deveria ter mudado em Bruxelas.

— Não tem problema. — Tranqüilizou Dharma, sempre tão segura. — Vamos até o guichê e nos informamos sobre o próximo trem. Na pior das hipóteses, voltamos até Bruxelas.

Infelizmente o guichê estava fechado. Havia um pequeno quadro de avisos, escrito em francês e flamengo, os dois idiomas oficiais belgas. Dharma não conseguiu entender muita coisa, além do que o guichê reabria às seis horas da manhã. Procurou alguém para se informar, não achou. "Na pior das hipóteses, esperamos no banco da estação".

Retificou-se com o primo.

Não demorou, um educado rapaz, segurança da estação, convidou-os a deixar o lugar, pois iria trancar os portões. A estação de Antuérpia fechava das duas às seis. Ao saírem se informaram com o mesmo rapaz que deixava o emprego em sua lambreta, onde poderiam ficar. Ele lhes disse que próximo à estação não era aconselhável; pois era um lugar meio barra pesada e sujo. Os poucos hotéis que havia, eram pontos de prostituição e drogas.

— Na pior das hipóteses pegamos um táxi para o centro...

— Para com esse negócio de hipótese! — Interrompeu Kácio irritado com a calma da prima. — Quando é que você vai se tocar que a gente se ferrou?

De fato, aquela foi uma longa e desagradável madruga no obscuro bairro da estação Antuérpia. Passaram por algumas boates mal-iluminadas, com prostitutas e leões de chácara mal-encarados nas portas. Paravam em alguns cantos para descansar, acabaram até cochilando sentados nas mochilas, escorados a uma vitrine de loja. Acordaram com uma briga de bêbados na rua. Saíram de perto.

Andaram pelas ruas frias até acharem uma pequena lanchonete, que inclusive já estava fechando as portas. Convenceram o simpático balconista a vender-lhes uma porção das famosas batatas belgas. Um prato simples, sobre o qual os primos tinham lido no guia de viagem que levavam, e que dizia se tratar de uma especiaria imperdível. Na verdade apenas um cone de papel cheio de batatas fritas, cobertas por um tipo de maionese. Mesmo frias, agradaram muito o apetite de Kácio que estava faminto.

— Na "pior das hipóteses" a maionese vai estar passada! — Ele debochou com a expressão desgastada da prima otimista.

Estava mesmo. Kácio descobriu mais tarde no trem, que as coisas sempre podem ficar piores do que já estão. E era até por isso que Dharma obstinava-se em ver sempre uma saída para os infortúnios.

— Na "pior das hipóteses", se você não conseguir voltar do banheiro, eu fico com a sua mochila nova. — Brincou ela, retribuindo a ironia do primo.

Nas poucas horas de viagem entre a famigerada cidade belga e Amsterdã, Kácio permaneceu em constante movimento da poltrona para o banheiro, para a poltrona, e devolta ao banheiro...

Quase no fim da manhã de um dia úmido e cinzento, os dois desembarcavam na Centraal Station. Ainda na estação, Kácio sacou alguns florins holandeses, ou guilders, como são conhecidos. Ele fizera uma boa opção ao colocar metade de seu dinheiro num cartão especial Visa, o Visa Travel Money. Era prático e seguro sacar o dinheiro local a partir dos caixas eletrônicos da rede Plus. Tinha ainda, a vantagem de evitar as taxas de câmbio que Dharma acabava pagando ao trocar seu dinheiro.

Como na maioria das cidades turísticas européias, sempre havia nas estações e suas imediações, uma quantidade enorme de pessoas trabalhando para os hotéis, albergues e agências de viagem. Ficavam panfletando, distribuindo cartões e convencendo a turistada das vantagens ou preços de seus estabelecimentos.

Dharma e Kácio, cansados e sonolentos, não pretendiam pesquisar muito por acomodações. Uma bela garota, que distribuia folhetos junto à saída principal da estação, ofereceu-lhes vagas num albergue próximo. Eles aceitaram. Só o que queriam era tomar um bom café da manhã e esticar as costas num velho beliche.

Desceram a movimentada rua Danrak, que liga a estação até Dam Square, a praça do dique. Foram seguindo a garota que lhes dava algumas dicas sobre a cidade. Ela frisara que não deviam comprar maconha nas ruas, além de ser perigoso quanto à qualidade, era ilegal e poderia gerar complicações. Evidente que dizia isso a todos, pois a maioria dos mochileiros que chegavam, estava sempre à procura daquilo, ou drogas mais fortes, naquela cidade que era considerada pelos jovens: um paraíso liberal na Europa.

"Entrem nas tabacarias de haxixe e fumem a vontade!" Referiu-se aos lugares liberados por lei, ao consumo da Cannabis. "Mas se precisarem comprar algo: eu tenho tudo..." Reiterou a guia, prontificando-se como fornecedora.

— É... Estamos em Amsterdã... — Disse Dharma em português. Ela conhecia a fama da cidade.

Estavam muito cansados para admirar a beleza da cidade. Suas pontes e canais, as belas casas antigas margeando o rio. O trânsito era, sobretudo interessante. Formado principalmente pelos milhares de bicicletas dos saudáveis e alegres moradores. Executivos e mulheres bem vestidas, pedalando elegantemente suas "bikes" pelas ruas, em direção ao trabalho. Crianças agasalhadas em seus uniformes escolares, indo à escola sobres suas "camelas".

Casais de velhos, senhoras com sacolas... Todos pedalando suas "magrelas" naquela "China desmotorizada". Não que inexistisse carros, ônibus e até pequenos bondinhos elétricos. Porém o trânsito sobre duas rodas era algo notável. Tanto que era mais importante ficar de olho no movimento da ciclovia, do que no dos carros ao atravessar a rua.

Em menos de vinte minutos já subiam a estreita escada de madeira nos fundos de um mal cheiroso Café Marrom. O albergue, um "Backpackers, para variar", ocupava os dois andares superiores do bar. Sim, era um bar. Os cafés Marrons, uma tradição em Amsterdã, na verdade designam bares ou *pubs*, que normalmente têm na sua decoração de móveis escuros e antigos e em suas paredes manchadas pela fumaça dos cigarros, a predominância da cor marrom. Claro que muitos são vermelhos, pretos, cinza... Não importa. São todos Cafés Marrons.

O albergue foi um dos mais descolados que eles conheceram. Era quase uma "Casa da Mãe Joana". Não tinha recepção nem recepcionista, muito menos: faxineiro. Na entrada havia uma caixinha de madeira com a inscrição: "*about ten dolars*". Eles entenderam que o preço da diária era o valor de dez dólares, ou mais ou menos o que você pudesse pagar. Descobriram depois que a garota, Sonnja, uma holandesa descendente de russos, a mesma que os indicara o lugar, sublocava aqueles andares do Café, e até ganhava dinheiro com aquele método nada usual de cobrança.

Deixaram na caixa, algo próximo ao valor pedido, em Guilders. Num mural acima, setas indicavam a direção do banheiro, refeitório e quartos. Decidiram tomar um rápido banho quente antes de tudo. No banheiro coletivo, o único do albergue, descobriram tratar-se de um lugar totalmente unisex e liberal. Homens e mulheres dividiam os chuveiros, beliches e tudo mais com harmonia e desinibição.

— Eu vou gostar desse lugar... — Comentou Kácio para prima, ao ver uma linda francesinha sair nua em pelo do chuveiro para enxugar-se fora, dando lugar a uma outra franco-desnuda que aguardava na fila.

— Acho que o banho fica para depois. Vamos ver se tem café no refeitório? — Dharma quis evitar a fila.

Kácio seguiu a prima, meio constrangido com as risadinhas das moças, ao perceberem que ele as encarava. Antes, porém, ao cruzarem o corredor próximo à escada dos quartos de cima, encontraram uma turma de velhos amigos: os agitados argentinos.

Foi aquela festa! Pablo, Estácio e o divertido Maradona, simplesmente seqüestraram os brasileiros. Só tiveram tempo de deixar as mochilas sobre os beliches e desceram abraçados aos calorosos sul-americanos. Ao indagarem quanto ao café da manhã, foram informados por eles que o refeitório era apenas um depósito entulhado. Mas poderiam comer alguma coisa no bar abaixo, que acabara de entrar em funcionamento.

O cardápio era limitado à salsichas, queijo e cervejas. Kácio ficou relutante a beber logo cedo, embora a cor do reluzente chope Heineken fosse convidativa.

— Vamos lá... Isto é Amsterdã! — Incentivou Maradona com aquele jeito irreverente.

Findado o desjejum, saíram para conhecer os canais. Amsterdã é a "Veneza da Holanda". A cidade é cortada, e moldada por cinco grandes canais. Estes se dividem em dezenas de outros menores, criando uma verdadeira trama aquática onde se pode passear por horas, admirando a paisagem dos velhos casarões às suas margens.

Próximo à estação central, há um pequeno *píer* onde ficam os ônibus aquáticos que levam turistas em excursões pelas águas não tão limpas. Mas o passeio vale cada centavo. São barcos confortáveis, fechados até o teto com acrílico transparente. O que no inverno é bem conveniente, pois a temperatura no interior fica muito agradável.

Depois da excursão, saíram os cinco do barco e atravessaram a Damrak. Os argentinos queriam mostrar um museu aos amigos brasileiros. Dharma ficou surpresa. Até então, fazia a idéia dos argentinos, como fanfarrões que não davam a mínima para cultura.

— Sexo? Museu do sexo... — Admirou-se Dharma com a novidade. — Logo vi! Para vocês se interessarem por museus tinha que ser algo assim...

— Olha o preconceito... — Brincou Kácio, carregando a prima relutante para a bilheteria.

Ela acabou retratando-se com os amigos. O Museu do Sexo de Amsterdã era realmente um lugar interessante, que guardava um acervo de arte e cultura muito rico, não obstante o tema um tanto... Picante. Eram desde pinturas e esculturas eróticas antigas, passando por fotografias de prostitutas do começo do século, chegando até os filmes pornográficos contemporâneos. Tudo tratado na maior seriedade, como assunto de relevo e fator de transformação dos costumes da sociedade. Tinha lá o seu lado cômico, é claro. Secções de fetiches, sadomasoquismo, aparelhos de masturbação e outras putarias...

Emendaram na noite agitada da cidade. Foram à boates e danceterias na freqüentada área de Rembrandtplein: o principal bairro de diversão adulta. Foi uma longa madruga como as de Barcelona e Nice, lembrou-se Kácio.

Voltaram ao albergue pela manhã para recarregar as "baterias". Acordaram no meio da tarde, comeram umas besteiras no café marrom, e tomaram a rua novamente.

Passearam pelas redondezas daquele antigo quarteirão de ruas estreitas com lojinhas e cafés. Dharma procurava por uma oficina de tatuagem e *body piercing* da qual uma amiga da escola lhe falara. Acharam o lugar escondido numa ruazinha suja. Ela estava apenas interessada nos cursos de aplicação daqueles adornos corporais. Já tinha na pele, orelhas e nariz; desenhos e metais suficientes.

Os argentinos, sempre tão atirados, cismaram de fazer umas *tatoos*. Dragões, pássaros e etc... Kácio que tinha ainda o corpo invicto naquela arte, optou por continuar na mesma condição.

— Vamos primo... Só uma pequena, na perna! — Dharma tentava convencê-lo. — Ou pelo menos um piercingzinho na orelha...

— Não obrigado. Como você sabe, estou para começar num novo emprego. E não quero ter dificuldade para explicar tatuagens ou esses piercings espetados.

— Que nada cara, hoje em dia ninguém dá a mínima se o empregado é tatuado! — Disse Estácio enquanto o tatuador já lhe preparava o braço.

— Não é tão simples. Nesse emprego vou trabalhar direto com os clientes... Sabe como é... — Respondeu o brasileiro.

— Tudo bem primo. Não faça nada por impulso. — Apoiou Dharma.

Esperam algumas horas até terminarem as tatuagens dos argentinos. Eram desenhos simples para os dois artistas da oficina. Os rapazes saíram orgulhosos com as pinturas em seus braços.

Foram visitar o famoso Bairro da Luz Vermelha, uma área destinada à prostituição institucionalizada. Isso mesmo! O estado permite e ampara por lei essa tão antiga e perseguida profissão. As "damas" ficam normalmente dentro de uma espécie de vitrine, expondo o seu produto, é claro, a espera dos fregueses.

A iluminação nas vitrines é quase sempre vermelha, daí o nome do bairro.

Os argentinos inventaram logo uma brincadeira: cada um entrava com vinte guilders num bolão. Somaram sessenta, pois Dharma evidentemente não se interessou pelo premio do sorteio. Kácio foi o felizardo. Tirou da mão da prima, que fora escolhida juiz, o palito inteiro entre três quebrados pela metade. O prêmio era uma mulher! Inicialmente ele achou muita graça, riu e pilheriou com os argentinos invejosos. Porém na hora de encarar o que ganhara, ele fraquejou. Na verdade nunca experimentara sexo pago em sua vida. Tinha até um certo receio. Ficou mesmo, muito encabulado com a prima. Ela que apenas limitava-se a seguir a turma em suas bagunças. Acabou Maradona tomando o dinheiro da mão do brasileiro e indo ele próprio conferir a qualidade do "serviço".

O resto da noite na boate foi de pura gozação para com o brasileiro. Como não podia deixar de ser, ele virou a piada preferida dos amigos argentinos. Nem ligava. Àquela altura já estava para lá de "alegre", embalado pela bebida forte que a turma tomava. Estavam experimentando o gim holandês, o embriagante Guenever.

Dharma já estava um tanto cansada com as macaquices dos companheiros. No começo quando chegara à cidade, ainda estava sentido-se desanimada, lembrando da conversa com Guilhermo sobre o namorado distante. O contato com os divertidos argentinos a distraíra de início. Contudo, aquelas estripulias adolescentes já haviam dado o que tinham que dar.

Decidiu voltar mais cedo ao albergue. No outro dia ira dar um giro pela cidade sem os rapazes. Talvez, conhecer os Rembrandts do Rijksmuseum, um dos melhores museus da Holanda. Planejou também ver o Vincent Van Gogh museum, imperdível para qualquer um que se interessasse por arte.

Saíra ainda cedo pela manhã. Os rapazes nem haviam chegado da night. Tomou o simpático bondinho para o museu, se atrapalhando um pouco com o estranho bilhete do veículo. O strippenkaart tinha que ser dobrado, deixando uma tirinha voltada para cima, proporcionalmente às zonas da cidade que se queria percorrer, e finalmente carimbado na máquina ao lado do condutor do bonde. Ao ver a dificuldade da estrangeira, o gentil senhor, lhe trocou o bilhete pelo dagkaart. Bem menos complicado, com validade pelo dia inteiro, dirigido especialmente aos turistas. Ela gostou da troca, pois se errasse no uso do bilhete, poderia custar-lhe até cinqüenta dólares de multa. A economia com o cartão comum não valia o risco.

Os museus foram bem menos interessantes quanto esperava. Contudo, o problema não estava necessariamente nas atrações e sim no seu estado melancólico e solitário. Arrependeu-se de ter deixado a turma naquele dia. Pelo menos com a companhia, era mais fácil de tirar o Van da cabeça.

No bonde de volta, reparou num grupo animado de dois rapazes e três moças. Eram as francesinhas que encontrara no banheiro do albergue. Elas a reconheceram também e puxaram conversa. Convidaram-na para um passeio que iriam realizar nas redondezas da cidade.

— Bicicleta! Parece-me uma ótima idéia. — A brasileira aceitou prontamente, embora o frio daquele dia, não lhe parecia ser o clima mais propício para o longo passeio ao ar livre. Não obstante, a vista dos Países Baixos nos campos holandeses poderia ser formidável, principalmente junto ao novo grupo.

Passaram direto para estação central. Em seu subsolo funcionava uma conhecida locadora de bicicletas. A Take a Bike estava com uma ótima promoção de inverno: Cinco florins o dia. Iria ser um passeio divertido e, sobretudo barato.

Dharma estava apreciando muito o percurso. Embora as bicicletas fossem velharias, pesadas e sem marchas, eram bem cuidadas. Uma atitude positiva que a brasileira percebeu sobre os ciclistas holandeses, é que maioria possui antigas magrelas, não se incomodando em comprar as últimas e caras novidades sobre duas rodas. "Isso é bacana", pensou. Valorizava o comportamento não consumista, ecologicamente correto, que combinava com o hábito saudável e não poluente de se transportar. Até sentiu-se bem, pedalando aquela clássica bicicleta preta, com pára-lamas, garupa e selim de molas.

Pedalaram no campo por umas duas horas, passando por lindas planícies, sempre tão planas, propícias ao ciclismo. Fazendas de gado com seus celeiros e cercas, paisagens silvestres, pequenas vilas com casinhas de madeira. Dharma não tinha preparo de atleta, mas o grupo ia num ritmo tranqüilo, e a ausência de ladeiras ajudava.

Pararam para conhecer uma bucólica aldeia turística, a Zoonse Schans, próximo a uma fábrica de chocolate. Empanturraram-se com as delícias, pois estavam cansados e famintos. Depois de saciados com o chocolate, visitaram as lojinhas de artesanato e caminharam empurrando as bicicletas pelas ruas movimentadas com turistas. A aldeia ficava à meia hora de Amsterdã, vindo de trem.

As francesinhas acabaram comprando vários suvenires

feitos caprichosamente pelos artesãos. Dharma gostou bastante do tamanquinho tradicional holandês de madeira. "É bonito, mas deve ser muito desconfortável..." Disse ela ao vendedor, sobre o calçado que era integralmente esculpido em pinho branco, no formato de um barquinho. Ele respondeu que não, na verdade, aquecia confortavelmente os pés devido à madeira ser um bom isolante térmico. Ela concordou, porém não comprou. Dificilmente comprava alguma coisa nas viagens. "Era mais peso para carregar e menos dinheiro para viajar".

Continuaram o passeio admirando os famosos moinhos de vento e conhecendo alguns diques. Os Países Baixos são famosos por aquelas estruturas de contenção de água. Na verdade, grande parte de seu território está abaixo do nível do mar, tornando imprescindível a existência daquele tipo de represa.

Tamanha a empolgação com a excursão ciclística, não sentiram o passar das horas. O sol já se escondia no horizonte, e eles, a quilômetros da cidade. Uma neve fina começara cair de leve sobre os pastos. Resolveram buscar abrigo numa fazenda.

Pularam a cerca e passaram as bicicletas por baixo. Caminharam por entre algumas construções rurais, silos e etc... Não acharam ninguém nas imediações, nem a casa sede da fazenda, que ficava atrás de um pequeno pomar.

Encontraram um velho celeiro de madeira, cheio de feno e destrancado. Havia meia dúzia de vacas holandesas gordas com suas crias. Entraram e subiram uma pequena escada de madeira para a parte superior.

A noite ia chegando devagar. Havia duas grandes portas na parede do mezanino. Elas abriam para fora, na parte da frente superior do celeiro, sobre o grande portão de entrada. Serviam para abastecer de feno aquele depósito, por intermédio de uma longa corda que corria numa polia presa no alto e bem no centro das portas. A corda servia para içar os grandes fardos cúbicos de fenagem, que eram preparados por uma máquina. Uma forma prática de estocar o alimento das belas vacas leiteiras. Acabaram sendo práticos também como cama para os exaustos ciclistas.

Um dos rapazes, Bernard, um simpático belga de Bruxelas, trazia em sua pequena pochete, cuidadosamente lacrada num saquinho plástico, uma pequena porção de haxixe. Começou a preparar o baseado enquanto conversavam animadamente, olhando a neve cair do lado de fora.

O cigarro foi passando de boca em boca. Dharma deu umas profundas cafungadas e relaxou. Não costumava fazer uso da erva. Já tomara bastante ecstasy, uma droga estimulante, nas *raves* londrinas, varando noites dançando. Contudo, era o tipo de pessoa que gostava de estar bem desperta para vida, lúcida. Às vezes se deixava levar pela ocasião, como aquela com a agradável companhia.

O grupo ficou ali, sentados nos fardos de feno, observavando a paisagem fria da fazenda. No alto de um pequeno morro depois da cerca de madeira, podia-se avistar um velho moinho de vento. Era diferente dos que haviam visto pelo caminho. Esse era mais autêntico, desgastado pelos anos, maltratado pelos fortes ventos. Tinha suas grandes palhetas rasgadas e empenadas. Servia realmente para moer os cereais e não apenas para atrair os turistas.

Os companheiros, com suas mentes leves e soltas, inspiradas pela paisagem e pelo fumo, começaram a inventar histórias sobre o moinho. Tinham cavaleiros que o confundiam com um dragão. Lutavam com suas espadas contra as palhetas rotativas, que eram as garras do monstro, para libertar uma bela donzela... E por aí em diante...

— A donzela era linda... Uma princesa de pele malhada, patas robustas... Com seu ubre cheio de leite!

— Isso aí é uma vaca cara... — Gargalhou Dharma da história viajante que contava Bernard.

— Quem disse que a vaquinha não pode ser a princesa da historia? — Perguntou o rapaz se fingindo-se sério.

— Eu concordo. Já conheci muitas vacas chamadas Princesa... — Argumentou Camile, uma das francesas.

— Tudo bem, não está mais aqui quem falou! — Defendeu-se Dharma. — Mas cara, esse fumo deve ser bom mesmo... Vocês estão na maior doideira...

A noite caiu, a temperatura também. Bernard teve a idéia de queimar um pouco de feno dentro de um balde de zinco que achou na parte de baixo do abrigo. O que se revelou, mais tarde, uma péssima idéia.

Ficaram os cinco então, encolhidos em volta do fogo, que fumaçava mais que esquentava. Os baseados iam rodando e as cabeças também. A fumaça foi se acumulando, tiveram que abrir um pouco uma das portas. Mas o calorzinho nos rostos e mãos compensava o desconforto do vento nas costas, que entrava pela porta enquanto a fumaça saia.

Dharma sentia-se meio enjoada com a erva forte comprada na rua em Amsterdã. A sensação de entorpecimento, pela primeira vez nos últimos dias, a vez esquecer a saudade do namorado. Contudo, sabia que como outras drogas, essa lhe daria um prazer passageiro, e a deixaria pior do que estava antes. Passou a sua vez na rodada seguinte.

O grupo agora estava calado, tranqüilo, apenas meditando na chama fumegante que ardia no pequeno balde de zinco. Uma atmosfera relaxante tomara as mentes entorpecidas dos jovens viajantes.

De repente foram surpreendidos com a entrada desesperada do fazendeiro com seus familiares. Com uma enorme mangueira em punho, ele gritou para o filho lá fora abrir a válvula da água. Antes que se pudessem dizer qualquer coisa, o forte esguicho gelado já estava cortando a fumaça acumulada no teto do celeiro e encharcando, para não dizer surrando com os jatos de alta pressão, os assustados ciclistas.

Na verdade o pobre homem se desesperara quando o filho lhe alertara sobre a fumaça que saindo do celeiro. Afinal eram suas vacas e o feno para alimentá-las no inverno que podiam estar pegando fogo.

Foi preciso alguns minutos, até a fumaça se dissipar, para desfazer o engano. O fazendeiro ministrou-lhes um bom sermão, pelo perigo de incêndio que os turistas inconseqüentes, expuseram àquela propriedade. Porém no fim, quando pensavam que seriam expulsos, pela invasão e irresponsabilidade, foram então, convidados a jantar e pernoitar na aconchegante casinha da família de fazendeiros. "A hospitalidade e o alto grau de civilidade dos holandeses estava ali comprovada". Pensou Dharma consigo mesma.

Os anfitriões os acolheram calorosamente. Não eram os primeiros a entrarem no velho celeiro próximo da estrada, "afinal eram apenas garotos abrigando-se da noite fria e puxando o seu fuminho", comentou o risonho fazendeiro. Forneceram-lhes roupas secas e os alimentaram com bastante chocolate quente e o gostoso queijo holandês, produzido ali mesmo na fazenda.

Na manhã seguinte, depois de um bom café, partiram agradecendo muito a hospitalidade. As roupas haviam secado sobre o aquecedor e ainda estavam quentinhas. De estômagos cheios, sentiram-se descansados e bem dispostos no longo caminho de volta.

Dharma, porém, confirmara em si mesma, o efeito passageiro da *cannabis*. Teve a impressão de estar ainda mais depressiva naquela manhã cinzenta, embora se sentisse muito bem fisicamente.

Chegaram ao albergue perto das três da tarde. Ela estava um

pouco preocupada com Kácio. Deixara um bilhete avisando da excursão ciclística, mas não sabia que só voltaria no dia seguinte. Ao subir para os quartos ficou tranqüila vendo que o primo ainda dormia confortavelmente em seu beliche. "Deve ter tido mais uma madrugada agitada", deduziu.

Desceu para banhar-se, depois foi tomar chá sentada num velho sofá no hall perto da escada. Revisou os planos de viagem, horários de trens, endereços de albergues. Pretendia deixar a cidade no outro dia e ir para Berlim na Alemanha. Aproveitou para anotar a aventura recente em seu diário de viagem.

Os espaços em branco no guia Frommer's que o primo comprara, já estavam acabando devido o mundo de anotações de detalhes, dicas e coisas interessantes que lhes viam acontecendo pelo caminho.

Folheava o guia de viagem atenciosamente, verificando também alternativas de lugares interessantes. Possivelmente seria sua última semana com o primo. O dinheiro já estava no final. Ela pegaria seu material artístico em Londres e voltaria aos desenhos. O primo, possivelmente, começaria trabalhar na agência no Rio de Janeiro. Queria antes, que ele levasse boas recordações dos derradeiros dias.

Kácio desceu escada, ainda sonolento, cansado e com uma ressaca acumulada de três dias de farra. Viu a prima no sofá, aproximou-se e beijou-a no rosto como sempre fazia. Ela que não percebera sua aproximação virou-se para vê-lo, mas surpreendeu-se com sua aparência.

— Puxa! Quando você se decide, vai fundo mesmo! — Exclamou Dharma.

— Não entendi... Decide o que? — Perguntou ele.

— Ora, estou falando do piercing e da tatoo... — Ela se admirara com as argolas metálicas que o primo espetara no nariz. — Essa tribal no braço ficou o máximo! — Referiu-se a grande tatuagem negra de estilo primitivo, que começava quase no ombro, e descia pela lateral do braço direito do rapaz.

Kacio estava mudado. Seu visual certinho cedera lugar para um exótico estilo descolado, ou qualquer coisa parecida... Só que ele mesmo nem sabia! Ou pelo menos não se lembrava.

— Que palhaçada é essa? — Estranhou, apalpando o adorno no nariz e olhando o desenho no braço pelo reflexo de um pequeno espelho na parede. — Deve ser coisa do Maradona...

Correu para o banheiro. Foi seguido pela prima que segurava o riso com a confusão do rapaz. Ele tentou retirar o desenho, lavando com água e sabão. Pensou logicamente que não se tratava de uma tatuagem verdadeira e sim apenas uma pintura a caneta, feita pelos amigos só de piada enquanto dormia profundamente sob o efeito do forte Guenever.

— Não adianta primo. É de verdade... É pra sempre! Mas até que ficou legal... — Tentava Dharma consolá-lo.

Os argentinos acabavam de descer também, e foram explicando o que se passara. Kácio mesmo, de livre e espontânea vontade, decidira fazer aquela mudança radical. Apenas não se lembrava, pois naquela noite tinha tomado "todas" e algo mais.

— Eu até te lembrei do emprego... — Recordou Maradona. — Mas você estava tão decidido cara! "Queria ser como sua prima... Diferente..." Como você mesmo disse.

Lentamente Kácio foi se lembrando da noite. O fumo na tabacaria, a bebedeira depois... A comemoração do emprego... Parecia a lembrança de um sonho, realmente estivera fora de sua realidade quando tudo aconteceu.

— O emprego! Então finalmente te chamaram, parabéns... — Dharma abraçou o primo, cumprimentando-o alegremente.

Desceram para comer alguma coisa no bar. O brasileiro ia se conformando com a idéia do novo visual. Na sua mente, porém, se questionava como resolver isso com o trabalho. "Minha mãe vai me torrar por isso!" Pensava consigo também enquanto comia.

Explicou tudo para Dharma. Infelizmente teria que interromper a viagem, pois precisava voltar ao Brasil o quanto antes. Sentiu-se até um tanto dividido, pois embora fosse o emprego tudo que ele sempre quis, sua sensação de vitória fora amortecida pelo desejo de continuar na estrada. Mas agora, ganhando bem na agência poderia juntar dinheiro para cair no mundo todas as férias. Ele lembrou também do recado do tio. Disse para prima que o pai lhe pedira que telefonasse o mais rápido possível. Dharma retrucou prontamente que não telefonaria. "Ele vai querer vir mandando, exigindo como sempre. A gente acaba brigando de novo..." Argumentou. Porém decidiu mandar um e-mail, dizer como andava e pedir notícias, saber de sua saúde. Precisava mesmo checar sua correspondência eletrônica. Queria saber da amiga "O", não tivera mais notícias, sua última mensagem não fora respondida.

Deixou o primo acompanhado com os argentinos e foi até o cyber café.

Passara apenas meia hora que a brasileira deixara o Café Marrom. Seu primo e os companheiros argentinos ainda se encontravam no bar conversando. Ela retornou apreensiva, com umas folhas de papel nas mãos, chamando o primo para subirem rápido para o albergue. A amiga "O" estava encrencada e precisava de sua ajuda.

— Olha Kácio, não sei o que esta acontecendo, mas é algo muito sério. Ela me pareceu completamente confusa, assustada. Escreveu que está ferida, que está presa e não consegue fugir. Umas frases soltas, sem sentido. Mandou-me em anexo um arquivo com listas de pessoas e endereços. Eu não faço a mínima idéia o que seja isso, ou por que ela me enviou. — Dharma mostrou as listas que imprimira no café.

— É, parecem listagens de controle. — Kácio analisava os papéis. — Nomes de pessoas e empresas que parecem contribuir com somas em dinheiro... Veja, é muito dinheiro! Tem essa outra lista com endereços para entrega de material.

— Mas que material é esse? Será que ela se envolveu com alguma coisa perigosa? — Questionou Dharma.

— Não sei, mais no fim da lista tem um nome de uma gráfica e o endereço... Fica em Copenhague... O tal material então deve ser impresso. Provavelmente ela deve estar trabalhando em um jornal ou com propaganda em folhetos...

— Mas ela está contra a vontade! Eu tenho que fazer alguma coisa Kácio! "O" é minha melhor amiga, eu a conheço muito bem e sei que algo horrível está acontecendo.

Os primos ficaram discutindo sobre o assunto até que chegaram à conclusão que precisavam encontrar a amiga à qualquer custo. Dharma sugeriu irem até à casa dos pais de Claus em Hamburgo, provavelmente se "O" não estivesse junto com o namorado ali, o casal poderia informar para onde eles tinham ido.

Kácio resolveu adiar sua volta para o Brasil. O emprego teria que esperar por alguns dias, pois não poderia deixar a prima naquela situação. Ele também ficara preocupado com o paradeiro da sua ex-companheira de viagem.

Os brasileiros pegaram suas mochilas, deixaram algum dinheiro na caixinha do exótico albergue e se despediram dos amigos argentinos. Saíam agora em busca da amiga encrencada, a garota doce e meiga, Elisabeth O´Connor.

CAPÍTULO 10

[1]Looking for Elisabeth...

Caía uma chuva fina e intermitente do lado de fora. Ora engrossava, cessava, e voltava a cair encharcando o jardim da elegante casa de campo que abrigava aquele artista solitário.

Van, sentado à janela, observava a ventania jogar os respingos contra a vidraça. Eles batiam com força no vidro e escorriam, assim como as gotas salgadas o faziam no seu rosto triste. Estava só em sua casa, sem a necessidade de segurar as emoções, de manter a compostura de homem vivido e experiente que era. Chorava.

Solidão... Solidão... Sempre solidão. A necessidade de viver livre, solto e, para tanto: só, tornara-se um vício em sua existência. O medo de se ver preso a alguém, junto com a supertição e os conselhos equivocados de amigos, o fizeram abdicar de um grande amor.

Dharma não lhe saía da cabeça. Via constantemente o sorriso dela no espelho pela manhã, o brilho dos seus olhos nas chamas da lareira, que mantinha sempre acesa por causa do frio. Lembrava das mechas coloridas do cabelo da brasileira "maluquinha", sempre que trabalhava com as tintas em seu ateliê. Lembrava, lembrava, então chorava...

[1]Procurando por Elisabeth...

A casa, embora grande de mais para uma pessoa, era muito aconchegante. Seu interior todo trabalhado em madeira de lei num tom avermelhado e quente, compensava o frio da paisagem cinza azulada de inverno nos arredores de Copenhague. Não obstante, era mal cuidada. Seu proprietário, sempre viajando, passava poucas semanas ali por ano. Gastava o mínimo de dinheiro em sua manutenção, não tendo empregados e nem fazendo os reparos que normalmente uma residência daquele porte exigiria.

Van limitava-se a utilizar apenas um quarto de dormir e o grande salão com lareira, que servia para ele de lugar de trabalho. Não precisava nem da cozinha, pois comia pouco, bastando-lhe apenas alguns tacos de queijo e uma garrafa de vinho por dia.

Tinha dezenas de quadros acabados, espalhados pelo recinto que era seu ateliê. Naquela semana estivera trabalhando nos últimos retoques em algumas obras. Isso, por que fora pressionado pelo seu *marchand*, uma das poucas pessoas que freqüentavam a mansão, fora alguns amigos antigos como Charllote e Guilhermo.

Na verdade andava depressivo, sem ânimo para trabalhar. Com muito custo acabara os últimos trabalhos a tempo para exposição preparada pelo *marchand*. Agora estava apenas empacotando as telas com papel pardo, para transportá-las com segurança até a galeria que ficava no centro da cidade, a uns quarenta minutos de carro.

Viu pela janela quando um carro parou junto ao portão do jardim. Era Guilhermo acompanhado por Sebastian Shoultz. Ele já os aguardava. Enxugou as lágrimas comprometedoras e apressou-se à porta para que as visitas permanecessem o mínimo sob a chuva que engrossara.

— Entrem meus amigos, desculpem a bagunça... Mas estejam em casa... — Van se animou com a companhia.

— Olá seu eremita! De aqui um abraço no seu eterno aluno. — Guilhermo o abraçou com aquele calor próprio dos italianos.

— Ex-aluno na verdade! Você trocou a arte pela política e, trocou também de professor... — Brincou o Dinamarquês enquanto cumprimentava o político alemão, Shoultz, para quem Guilherme agora trabalhava.

Van pendurou os casacos dos amigos, retirou alguns lençóis que cobriam as poltronas junto à lareira e os convidou para se aquecerem próximos ao fogo. Abriu a garrafa de um austríaco branco e serviu as visitas em taças poeirentas, mas de bom cristal.

Conversa animada, bom vinho, agradável companhia. Veio a noite e os três continuavam a confabular. O assunto era principalmente os rumos da política na Europa, os excessos da ultradireita oportunista e os projetos que o humanista, agora candidato ao parlamento alemão, Sebastian Shoultz, tinha em mente.

Ele, Shoultz, estava em campanha, mas, sobretudo era um homem que pensava grande, que cruzava fronteiras tentando levar suas palavras aonde se fizessem necessárias. Sabia que não podia combater o xenofobismo contra imigrantes e as minoria étnicas e raciais, apenas em sua pátria. A Europa estava cada vez mais unida e interdependente. Shoultz fora convidado para participar de um evento público, junto a outros colegas da esquerda tolerante, para manifestarem-se contra os movimentos de extrema direita que pregavam o preconceito. O evento com discursos e uma grande festa de confraternização, aconteceria ainda naquela semana. Seria no famoso parque no centro da cidade, o Tivoli. Contudo dependia do clima favorável, pois nessa época, quando não é chuva, é neve.

Conversaram também sobre a exposição de pintura do anfitrião. Este, contudo, não esboçava muita empolgação com a abertura da mostra. Embora essa fosse apenas mais uma de muitas, deveria deixar o artista animado. Mas não. Ele parecia um tanto distante, desinteressado no ponto culminante de todo o seu trabalho daquele ano. Guilhermo o conhecia, porém não ficou surpreso com sua indiferença, sabia o motivo: Dharma.

Ele e companheiro Shoultz, depois que perceberam que o tempo não melhoraria para retornarem à cidade, aceitaram o convite de Van para dormirem num dos desarrumados quartos. O alemão recolheu-se, deixando os amigos com a última garrafa de vinho por abrir.

Guilhermo aproveitou para botar a conversa em dia. Contou sobre o encontro com os brasileiros em Veneza. Van ficou apenas ouvindo e pensando: "coincidências são duas estradas que se cruzam e, esses cruzamentos às vezes são bem mais freqüentes do que se poderia esperar".

Dharma e Kácio chegaram à casa dos pais de Claus em Hamburgo pela manhã. A brasileira já visitara o casal de alemães em duas oportunidades com o ex-namorado, e eles tinham simpatia por ela. Porém, encontrou-os muito tristes e decepcionados com o filho, o qual, no entender dos velhos progenitores, junto com a namorada escocesa, se aproveitara de seu amor incondicional e generosidade, subtraindo suas economias.

Isso veio confirmar mais ainda o quão grave deveria ser a situação. "Elisabeth O'Connor jamais concordaria em participar desse tipo de armação". Atestou a brasileira perante casal preocupado. Mostrou-lhes a mensagem que recebera da amiga e os papéis com as listas.

— Com certeza você recebeu essa mensagem atrasada. — Disse o pai de Claus. — Nesse meio tempo eles já haviam fugido e vindo pedir nossa ajuda. Ou pelo menos foi a história que eles inventaram para nos roubar.

— Isso não faz sentido! — Exclamou a senhora. — Ainda ontem Claus nos telefonou dizendo ter tido que mudar os planos e que um dia devolveria o dinheiro.

— Mas ele já fez coisas piores... — Comentou o velho pai, que acreditava que fora passado para trás pelo problemático filho. — Agora vai torrar nosso dinheiro com os amigos desocupados em Copenhague.

— Então eles estão em Copenhague... — Disse Dharma confirmando sua intuição. — É isso, devem estar na gráfica. Nós vamos achá-los.

— Dharma, lembra que o Guilhermo foi para lá? Que tal ligar pra ele e pedir ajuda. — Interferiu Kácio.

Usaram o telefone da casa dos pais de Claus para contatar o amigo italiano. Guilhermo prontificou-se ir até a gráfica para averiguar se o casal de mochileiros encontrava-se por lá.

Enquanto isso os brasileiros se despediram do casal que ficou aguardando apreensivo por notícias. Resolveram pegar o trem para Dinamarca mesmo antes de terem confirmação do paradeiro da amiga. Dharma estava por demais ansiosa para aguardar parada.

A gráfica funcionava num subúrbio afastado na saída norte da cidade, próximo à rodovia. Era um prédio novo, bem cuidado com um grande galpão anexo, onde se rodavam os impressos e executavam-se os trabalhos de acabamento e etiquetamento.

Claus e "O" já estavam trabalhando ali há cinco dias, mas pareciam cinco semanas. Sua noção de tempo era distorcida, devido estarem quase sempre sobre o efeito das drogas que vinham tomando. Esta foi a alternativa que aventaram para os maus tratos que estavam sofrendo desde que chegaram à Dinamarca. Claus fora surrado por duas vezes ao tentar impedir a investidas de Richard sobre sua namorada. A garota escocesa, em principio, tentou resistir aos impulsos sexuais do líder maníaco dos LBs. Depois entendeu que era inútil, iriam acabar matando Claus e ela também. Entregou-se antes à cocaína, em seguida aos desejos de Richard.

Tinham uma rotina exaustiva de trabalho, que começava pela manhã e acabava tarde da noite. Contudo, o grupo parecia não cansar nunca. O som ligado às alturas... Comprimidos de ecstasy servindo de combustível deixavam os jovens ligados por mais de vinte horas diárias.

Seu trabalho consistia em montar quites de propaganda política, que seriam remetidos pelo correio para os eleitores alemães. Eram folders e folhetos de candidatos da ultradireita, em campanha para o parlamento. O teor da publicidade era quase todo de intolerância para com os imigrantes, legais ou ilegais, que eram "os culpados pela recessão", a falta de empregos e perspectivas. Havia também, incluído no quite postal, um folheto mais radical ainda, pregando a ação direta contra os "invasores" , como eles diziam, conclamando a juventude para uma cruzada de "limpeza racial". O tal folheto era assinado pelos próprios Lobos Brancos, na figura de seu líder maior: Heinrich Müler.

Os dois namorados estavam dormindo separados. "O" passava a noite com Richard numa cama improvisada no escritório da gráfica. Claus ficava com o resto do grupo num canto do galpão, utilizando sacos de dormir. Encontravam-se pela manhã no trabalho, falavam pouco, evitavam olhar nos olhos, pois estavam os dois muito constrangidos e tristes. Ela por estar servindo de escrava sexual e ele por se sentir culpado daquilo.

— ... Eu vou tirar você dessa Elisabeth... Vou acabar com aquele canalha. — Disse Claus quando estavam lanchando num canto mais afastado.

— Deixa quieto Claus. Quando terminar o trabalho Richard vai nos liberar... — Respondeu "O" querendo acreditar na improvável promessa que seu algoz lhe fizera no leito.

— Na verdade os dois não tinham boas perspectivas e sabiam disso. Estavam envolvidos no atentado de Berlim, sabiam de todo o esquema daquele movimento neonazista. Não seriam libertados, pois sabiam de mais. Aquela altura dos acontecimentos, nem importava mais... "O" vinha pensando em acabar com aquele sofrimento de uma vez por todas, só não sabia ainda, como.

Guilhermo parou o carro junto à rodovia, para conferir o endereço da gráfica que Kácio tinha-lhe passado pelo telefone. Achou o prédio em frente com jeito de gráfica, porém não tinha placa que identificasse. Avistou um carro parado na esquina com duas pessoas dentro e aproximou-se para pedir informação. Os dois homens em seu interior, não quiseram falar com ele. Subiram os vidros da Mercedes enquanto diziam rudemente não falar inglês. Isso, num alemão de sotaque possivelmente árabe, foi o que o italiano percebeu.

Resolveu entrar no prédio para ver se encontrava alguém para perguntar. Na pequena recepção, constatou o lugar, na plaqueta com o nome da gráfica em dinamarquês.

Foi atendido por uma recepcionista meio *punk*, com umas roupas de couro preto e a cabeça raspada no estilo *skinhead*. Ela disse-lhe que eles estavam fechados para os feriados de fim de ano. Guilhermo estranhou, pois o natal seria ainda na outra semana. Insistiu perguntando sobre a garota que procurava: a escocesa. A recepcionista chamou alguém pelo interfone.

— Não. Não tem ninguém aqui. — Respondeu-lhe Richard, apresentando-se como gerente.

— Mas essa música alta... Deve estar tendo uma festa... Talvez a garota que procuro esteja aí. Posso entrar para procurar? — Teimou o italiano, percebendo que havia algo estranho no ar.

— Não. É coisa particular. — Respondeu o "gerente" enquanto mostrava a porta de saída para o impertinente.

Guilhermo saiu desconfiado, olhando ao redor, não acreditando absolutamente no que ouvira. Andou pela lateral do galpão até que encontrou uma janela entreaberta de onde, esticando-se na ponta dos pés, pode olhar dentro do recinto. Havia um grupo grande de pessoas trabalhando ao som do punk-rock. Pregavam etiquetas de endereçamento em grandes envelopes de plástico, contendo aparentemente alguns tipos de impressos.

Não conseguiu avistar "O" na multidão. Talvez por que procurava uma linda ruivinha de cabelos longos e com mechas coloridas. Não fazia idéia das mudanças ocorridas no *look* da escocesa. Enquanto procurava, seu aparelho celular tocou. Ele assustou-se e afastou-se rapidamente da janela para atendê-lo. Era Dharma ligando da estação de trem em Copenhague.

Guilhermo foi falando com a amiga ao telefone, enquanto retornava ao carro que deixara do outro lado da rua. Disse que encontrara o lugar, mas não a garota. Pediu que os primos o aguardassem na estação, passaria em alguns minutos para pegá-los.

Viu quando alguns rapazes, cabeças raspadas, saíram da gráfica e começaram a caminhar em sua direção, com umas caras nada amistosas. Decidiu sair rapidinho dali, presumindo que os mesmos haviam percebido sua presença curiosa junto à janela.

Richard ficou observando a partida acelerada do italiano com a aproximação dos capangas que enviara. Acabou percebendo também, o carro na esquina com seus dois ocupantes suspeitos. Com um gesto no olhar, mandou seus homens na direção do outro carro. Este saiu cantando pneus quando os dois ocupantes sentiram que foram descobertos.

O líder dos LBs ficou com uma pulga atrás da orelha. Primeiro aparece aquele rapaz bem vestido procurando pela O'Connor. Depois, descobre que estivera sendo vigiado, "pela polícia talvez", matutou o alemão. Por um momento pensou reconhecer o carro: uma Mercedes prata, novinha. Ficou mais encucado ainda ao lembrar do evento da lanchonete em Berlim, a fuga repentina e esquisita dos imigrantes do andar superior, armados e em duas Mercedes daquele tipo. Resolveu telefonar para seu chefe, Müler, e pedir orientações.

Van estava na galeria discutindo com o marchand alguns detalhes sobre a abertura de sua exposição. Pegara uma carona para cidade bem cedo, com os dois amigos que haviam dormido em sua casa. Aquela seria uma importante mostra para sua carreira. Seu promotor artístico fizera contatos estratégicos com colecionadores de arte americanos, os quais viriam especialmente para conhecer o seu trabalho.

Sentia-se estranho naquele dia. Ansioso como se algo importante estivesse para acontecer. Contudo, não era sobre o trabalho. Ele estava mais do que nunca desconcentrado, longe em pensamento daquela galeria, concordando com tudo que seu marchand dizia, sem contestar absolutamente nada.

Ficou contente com a chegada de Charlotte. A velha amiga viera de Londres especialmente para apoiá-lo na exposição. Sentaram-se ao pequeno balcão do café da galeria, de costas para a vitrine na entrada. Pediram duas xícaras de chá. Van falou-lhe do que vinha sentindo. Confiava na sensibilidade daquela amável senhora, sua melhor amiga e confidente. Contou-lhe de sua depressão, a apatia com respeito ao trabalho e, a saudade da garota brasileira que tanto lhe oprimia o coração.

—... Meu querido amigo desculpe a franqueza, mas a vida é assim mesmo... — Consolava-lhe Charlotte. —... Você é um artista incomparável, um viajante experiente, que conhece o mundo todo! Mas o coração é outra coisa... Quanto mais se vive se descobre o quanto é impossível compreender as emoções. Dominá-las então... O sofrimento nesse caso é menos um aprendizado e mais, um preço a pagar pelos momentos de paixão.

— Mais nem sempre é assim. Tem gente que conhece o amor de verdade... Dharma tentou mostrar-me isso! Essa é a minha dúvida, acho que desperdicei única oportunidade que tive de ser feliz com alguém. — Lamentou-se Van.

— Confie em mim... Seu destino não é esse. Por mais que você sofra, no final sairá mais forte. Assim como eu, que demorei muito a compreender que sua amizade era mais importante que o seu amor. Depois de um tempo você vai ver que tudo era apenas um apego, ao qual, só as pessoas pequenas se prendem. Você não, meu amigo! Você é para o mundo... E eu estarei ao seu lado. Juntos, venceremos essa tristeza passageira e enganadora...

Charlotte colocou a mão sobre a do amigo no balcão. Ao mesmo tempo, acariciava-lhe fraternalmente os cabelos, tentando lhe confortar. Nunca tinha visto Van se abrir daquele jeito, mostrando os sentimentos e a fragilidade de seu espírito. Em seu íntimo, sentiu um certo prazer na situação. Embora fosse sincera, compartilhando o sofrimento do amigo, achava-se estranhamente recompensada vendo o ex-amante vivenciar a dor de cotovelo, que ela própria, sentira muito forte há tempos atrás, e por culpa justamente dele. "Não é qualquer garota que vai merecer e meu Van..." Pensava secretamente em seu ser.

Estavam os dois tão absorvidos naquele momento de entrega e compaixão. Não perceberam um trio de amigos os observando pela vitrine da galeria. Guilhermo trouxera os dois primos direto da estação. Tinham vindo pedir ajuda. Desconfiavam que "O" estivesse na gráfica, mas não sabiam o que fazer.

Entraram na elegante galeria. Kácio teve que voltar para pegar a prima pelo braço. Ela ficara estática do lado de fora da vitrine, ao ver que Van estava acompanhado justamente por Charlotte. "Estavam de mãos dadas..." A cena fora cruel, muito pior do que ela imaginara para o reencontro. Neste caso a "pior das hipóteses" se mostrara, além de sua mais pessimista expectativa.

Sentiu um desprezo, uma raiva crescer dentro de si. O desprezo pela ardilosa concorrente, que ao seu ver, jogava sujo. E ódio pelo homem que lhe enganara, fazendo pensar que era especial para ele.

O encontro foi uma surpresa para Van. Ele e a amiga ficaram um pouco constrangidos ao perceber o súbito aparecimento dos conhecidos, naquele momento um tanto embaraçoso para ambos. Aliás, o constrangimento foi geral. Porém, o assunto que precisava ser tratado, dispensava explicações preliminares. Dharma mostrou-se séria e formal. Sua vontade era de ir embora dali. Não queria falar com Van, muito menos Charlotte. Contudo a necessidade lhe obrigava. Quando se precisa das pessoas, engole-se o orgulho e a raiva, como um chá amargo e quente demais.

Guilhermo começou explicando o que se passava e o porquê de estarem ali. Kácio e Dharma complementaram as informações mostrando as listagens com os endereços.

Van se prontificou à ajudá-los imediatamente. Mas frisou que deviam agir com cautela, pois conhecia a má fama dos grupos neonazistas. Ainda mais nas últimas semanas, com os ânimos exaltados pelas eleições próximas na Alemanha.

— Isso é ridículo! — Interferiu Charlotte. — É sem dúvida um caso para a polícia. Essa garota corre perigo e vocês se arriscarão se metendo nisso. Liguem para a polícia!

— Não é tão simples assim senhora. — Argumentou Guilhermo. — A polícia precisaria de um mandado para entrar na gráfica... E pior: todos sabem o quanto as autoridades andam envolvidas, acobertando ou fazendo vista grossa para o problema do neonazismo. É justamente para falar sobre isso, que estamos aqui. Como sabem, Sebastian Shoultz, para quem trabalho, discursará na festa de confraternização essa semana.

— O que eu sei é que não vou ficar aqui parada. Vou até lá. — Disse Dharma decidida. — Se "O" estiver na gráfica, eu descubro.

— Minha querida... Sempre tão impulsiva... Não vê que assim, impensadamente, pode prejudicar seus amigos? — Questionou Charlotte, com um certo sarcasmo que não agradou nada a brasileira.

Van tomou as rédeas da situação, vendo que o clima se tornara um tanto desagradável e improdutivo. Chamou delicadamente sua velha amiga num canto afastado e pediu-lhe que aguardasse em sua casa. Ele resolveria o caso e, se preciso fosse, não hesitaria em chamar as autoridades.

Saíram no carro alugado pelo italiano em direção a tal gráfica, sem plano em mente, mas decididos a encontrar, e se necessário resgatar a escocesa. Guilhermo e Van iam no banco da frente, Dharma e Kácio atrás. O clima ficara tenso. Além do problema da garota, havia uma energia negativa no ar. Van estava constrangido ainda, principalmente quando percebeu que sua ex-namorada lhe olhava atravessado, com um certo desprezo, o qual, ele não entendia o porquê. Isso era horrível para ambos. Pois vinham sofrendo com a separação e, quando finalmente se encontraram, foi naquela confusão e ainda com a Charlotte no meio.

— Você tem certeza que ela está com problemas? Está presa ou coisa parecida? — Inquiriu o artista, colhendo mais informações e ao mesmo tempo, tentando quebrar o gelo entre ele e a brasileira.

— Absoluta! Eu conheço "O" há três anos e sei quando há algo de errado. — Respondeu Dharma.

— Nem precisa conhecê-la para saber. Nessa mensagem que ela mandou, fica bem claro: "Quero sair, mas eles não permitem... Preciso fugir, eles me machucaram muito... Preciso de ajuda..." Kácio lia alguns trechos da mensagem recebida pela prima.

Ao chegarem ficaram por algum tempo no carro, combinando o que fariam em seguida. Van ofereceu-se para ir até a recepção com alguma desculpa, para sondar o lugar e se preciso, distrair as pessoas por lá, enquanto Dharma e Kácio davam uma olhada pelas janelas do galpão de trabalho. Guilhermo permaneceria no carro, como apoio para uma fuga rápida, se necessário.

Van entrou na pequena ante-sala e pôs-se a falar com a secretária *punk* ao balcão. Ela, não entendendo nada do dinamarquês que ele propositadamente lhe dirigia, chamou por reforços.

Richard veio junto com dois rapazes. Estava desconfiado e impaciente com o intruso persistente e seu idioma estranho. Tentou comunicar-se em inglês. Van fingiu não conhecer esse idioma, nem o alemão que os *skinheads* falavam entre si. Isso os deixou profundamente irritados. Estavam a ponto de expulsá-lo a força do lugar, mas o líder do LBs não queria chamar atenção para suas atividades. Principalmente, depois das orientações que recebera de seu chefe por telefone. "Não faça nem uma besteira! Estou indo até aí". Disse-lhe Müler apreensivo com as últimas notícias.

Enquanto isso, Dharma já havia escalado a janela do galpão, usando algumas caixas velhas que Kácio achara no lixo. Ele ficara no chão, apoiando a escada improvisada para que ela olhasse o interior do prédio.

Não conseguia ver o que queria. Havia grandes pilhas de caixas de papelão com impressos, tomando a maior parte do espaço. No centro, uma mesa comprida lotada de envelopes plásticos e papéis espalhados. Algumas pessoas estavam bem ao fundo, aparentemente lanchando. Era muito distante para ver alguém. Mas, olhando para o outro lado, um casal de cabeças raspadas, sentados sobre algumas caixas, chamou-lhe a atenção. Estavam de costas, comendo seus sanduíches separadamente do grupo.

Dharma reconheceu Claus. Mas onde estaria "O"? Ela tentou chamar o alemão discretamente, ele não escutava. Assoviou baixinho até que ele se virou junto com a garota que estava ao seu lado.

— É ela! É ela Kácio, eu achei a "O"! — Empolgou-se Dharma, ao mesmo tempo ficando chocada com a aparência mudada da amiga.

Como o primo não respondia, olhou para baixo e assustou-se ao avistar Kácio segurado por dois *skinheads*. Um terceiro gritava que ela descesse da janela, enquanto ameaçava seu primo com uma faca junto ao seu pescoço.

Guilhermo assistia tudo do carro. Viu quando Dharma e Kácio foram levados à força para dentro da gráfica. Resolveu chamar a polícia.

Enquanto falava ao telefone com as autoridades, ele percebeu a chegada de um táxi, do qual desceu um senhor bem vestido e entrou pela recepção. Repentinamente, foi abordado no carro, por um dos rapazes da gráfica que pulara pela janela, aproveitando-se da confusão que se passava na entrada do prédio. Era Claus. Ele reconheceu Guilhermo e quis aproveitar a ocasião para contar o que se passava ali. O italiano reconheceu o ex-namorado de Dharma, deixando que ele entrasse no carro para conversarem.

Na recepção da gráfica, os *skinheads* queriam espancar os intrometidos. Ao ver Dharma entrar com um brutamontes torcendo-lhe o braço, Van saltara no rapaz e o empurrara mandando que se afastasse da garota, isso em alemão alto e claro. Seu disfarce monoglota ruíra completamente. Não mais precisava enrolar na recepção, visto que seus companheiros haviam sido descobertos.

Aquela altura, a chegada de Müler beneficiara os backpackers, evitando que fossem linchados. Contudo, o comandante do LBs percebera o problema que tinha nas mãos. Realmente mantinha a garota escocesa detida, e a trabalhos forçados. Seus amigos a haviam descoberto. Na verdade agora tinha cinco problemas a resolver: uma escocesa, dois brasileiros, um alemão e aquele senhor aparentemente dinamarquês. Ou seja, era muita gente para calar...

Ouviu-se o som da sirene na frente do prédio. O clima ficou mais tenso ainda com a chegada dos policiais acompanhados por Guilhermo. Todos queriam falar ao mesmo tempo, gritando e se acusando mutuamente. Müler, astuto, acusava os brasileiros de invasores. Estes por sua vez, falavam de seqüestro, referindo-se a sua amiga escocesa.

— Eu a vi pela janela senhor oficial! Minha amiga Elisabeth O'Connor é mantida contra a vontade por eles! — Acusou Dharma, apontando para os *skinheads*.

— Isso é verdade senhor? Perguntou um dos guardas.

— Claro que não meu jovem... — Respondeu o malicioso Müler. Tinha uma certa calma e convencimento em suas palavras, que deixaram até mesmo seu comparsa, Richard, sem entender. — Esses senhores estão equivocados. Trata-se de um grande mal entendido que vamos resolver imediatamente.

Dizendo isso, o velho nazista entrou junto com Richard, para o galpão anexo, dizendo que iam buscar a garota em questão. Ainda no corredor, instruiu o rapaz que fosse buscar a escocesa enquanto fazia um telefonema à delegacia.

Na recepção todos ficaram esperando com ansiedade o retorno de Müler com a garota. Mas passaram-se alguns minutos e nada. Já estavam desconfiando da demora, o galpão não era tão grande assim. Kácio levantou a hipótese de que eles podiam estar fugindo por trás. O policial entrou em contato com um colega que ficara na viatura, através de um pequeno radio na lapela. Este lhe informou que não havia nem um movimento atrás no galpão.

Dharma queria ir à busca da amiga. Van a segurava. Guilhermo falou-lhe ao ouvido que tinha novidades, que acalmasse a brasileira, pois a coisa estava bem mais complicada do que poderiam imaginar.

Finalmente reapareceram trazendo "O". Dharma abraçou-a emocionada. Contudo, ela agia estranhamente, retribuindo o abraço, mas, praticamente impassível à demonstração de afeto da brasileira. Sua aparência era chocante para quem a conhecera. Estava pálida e suja. Suas roupas fediam, parecia não tomar banho há dias. No semblante sem expressão, os olhos vermelhos, aparentemente de choro, mostravam-se sem vida, olhando o vazio, e não às pessoas amigas paradas ali na sua frente.

Os policiais perguntaram-lhe se estava ali contra a vontade, ela respondeu que não. "Vim apenas para trabalhar". Respondeu para o espanto de seus companheiros.

— Não pode ser! — Desesperou-se Dharma. — É claro que há algo de errado! Elisabeth... Pode dizer a verdade! Nós estamos aqui para lhe proteger...

— Você se enganou com a minha mensagem Dharma. Desculpe, tenho que voltar ao trabalho. — Disse a escocesa enquanto se retirava.

— Senhor oficial faça alguma coisa... Eu conheço essa garota, ela não é assim... Deve estar drogada! — Apelou a brasileira.

Os policiais sentiram que tinha alguma coisa de errado naquela história. Olharam-se meio indecisos, disseram que talvez fossem melhor levar todos para a delegacia para averiguações.

Um deles, recebe uma mensagem pelo rádio, todos aguardam apreensivos. Os policiais trocam então algumas palavras em seu idioma e resolvem ir embora dizendo que não havia ilegalidade para averiguar.

— Mas como assim: "não há nada de ilegal?" Questionou Dharma.

— Sua amiga não foi seqüestrada senhorita. Ela mesma disse estar trabalhando. — Respondeu o oficial, um tanto impaciente.

— O senhor tinha dito que iria averiguar o caso! — Lembrou Van.

— Na verdade, temos orientações superiores que devemos prender os senhores se insistirem na perturbação da ordem ou nessa invasão de estabelecimento.

Houve um começo de confusão novamente por parte do mochileiros revoltados com o tratamento do caso. Guilhermo insistiu com o amigo que deixassem o lugar, evitando maiores conseqüências. Van retirou os brasileiros, que saíram protestando contra a situação.

No carro, o italiano foi então por os amigos a par do que acontecia. Falou-lhes o que Claus lhe dissera momentos antes. Todos ficaram chocados com a historia resumida do casal. Claus e "O" eram realmente prisioneiros dos neonazistas, os quais, mantinham os pais do alemão sobre vigilância para garantir a cooperação e a fidelidade do casal. E ainda, ameaçavam entregar a garota escocesa às autoridades pelo seu envolvimento com o atentado em Berlim.

Deveras, a situação era desanimadora. A questão não era apenas retirar a garota dali. Estavam num beco sem saída. Dharma chorava desconsolada. Kácio a apoiava meio sem jeito. Para ele aquilo tudo era por demais cinematográfico, uma trama que só poderia imaginar em filmes. Guilhermo saiu com o carro da frente do prédio, a mando dos policiais. Ficara bem claro para todos, que o tal Heinrich Müler usara sua influência com as autoridades locais.

Van, como cidadão dinamarquês, poderia até exigir o retorno da polícia, criando embaraço para seus superiores junta a imprensa. Porém, não resolveria o problema. "O" estava realmente envolvida no tal atentado e, tinha também a questão dos pais do Claus. Teve uma idéia.

— Pare o carro Guilhermo. Eu vou voltar. — Disse Van com um olhar meio cínico. — Vamos usar os métodos deles, contra eles mesmos.

— Como assim? O que você está pensando? — Perguntou Kácio.

— É melhor não! Eu não quero você lá, sozinho... — Falou Dharma, traindo seus sentimentos mais escondidos, por aquele homem que ora pretendia se arriscar por sua amiga.

— Não se preocupe, eu sei o que estou fazendo. — Retrucou Van decidido. — O importante é que vocês façam o que vou dizer.

Ele então explicou rapidamente o plano. Deveriam se encontrar na estação em meia hora. Antes, tirariam cópias das listas que a escocesa tinha enviado a Dharma. Iriam fazer uma troca: a liberação do casal, pelo silêncio com relação aos nomes de empresas e políticos famosos, relacionados nos papéis, como contribuintes daquele movimento radical neonazista.

Deixaram o Dinamarquês na esquina da rua. Desceram para a cidade até a estação central, "um lugar público" , como disse Van, referindo-se à segurança para realização da troca.

Dharma e Kácio subiram as escadas para umas lojinhas no primeiro pavimento da estação. Tiraram as cópias do documento e, como orientado por Van, passaram numa agência do correio para remeter uma cópia de segurança para a casa do artista. Guilhermo ficou no carro por precaução, para uma retirada rápida se fosse preciso.

Sentaram como o combinado, num banco no meio da estação. A espera era terrível para Dharma. Já não bastasse a preocupação com a amiga "O", agora, tinha medo do que poderia estar acontecendo com seu homem. Sim, "meu homem", pensou comsigo mesma. Nessas horas de medo e insegurança, deixamos as picuinhas de lado e valorizamos o que realmente importa na vida. Para ela, que pensava que Van podia até ter um caso com Charlotte, pareceu-lhe claro que não devia mais perder tempo. Decidiu que iria lutar por ele. "Na pior das hipóteses", como gostava de dizer: "não vou me arrepender de ter tentado". Falou em voz baixa.

— O que você disse? — Perguntou-lhe o primo sentado ao seu lado.

— Nada Kácio. Apenas pensei alto...

Nesse momento, chega o furgão da gráfica. Os primos se aproximam. No interior do veículo: seus três amigos, o tal Müler e uma meia dúzia de mal encarados *skinheads*.

— As listas Dharma. — Pediu-lhe Van, da janela do carro. Estava sentado no banco com "O" de um lado e Claus do outro. No banco de frente para o deles, Müler e Richard com olhares coléricos encaravam os backpackers.

— Como vou saber se vocês não fizeram cópias para entregar à imprensa? — Perguntou o rabugento nazista, enquanto recebia os papéis das mãos do artista.

— Deixando esses garotos em paz, vocês não têm nada a temer. — Respondeu-lhes Van, com segurança na voz. — As cópias são nossa garantia.

Os três desceram do furgão e juntos com os brasileiros, cruzaram a estação, deixando os irados ocupantes do carro, parados no estacionamento.

Guilhermo estava com o motor ligado esperando os amigos. Saíram rapidamente da estação. Triunfantes e aliviados com o desfecho feliz dos acontecimentos. Dharma ia abraçada à amiga. Juntas choravam de emoção pelo reencontro depois de todo o sofrimento que ela passara. A brasileira beijou "seu homem" com gratidão. Disse-lhe que jamais esqueceria o que ele fez. Van ficou um tanto constrangido, mas gostou do beijo.

Saíram da cidade em direção da casa do artista. Comentavam alegremente os fatos extraordinários daquele dia. Tudo o que queriam agora, era um lugar sossegado e seguro para relaxar. Iam tão descontraídos que não perceberam o motoqueiro que os seguia. Este, quando viu o carro parar na frente da rica propriedade, no alto de um morro com vista para a cidade, telefonou para alguém dizendo onde estava. A voz no telefone respondeu mandando que retornasse a gráfica.

CAPÍTULO 11

[1]Everything's okay... Nice town, a beautiful park in a brightly day...
... It seems to be a storm!

Dharma convencera Van que precisavam dar uma arrumada na mansão. Estranhamente ele, tão desleixado em relação às prendas domésticas, concordara em deixar as cortinas numa lavanderia e irem à cidade para comprar algumas coisas para casa e "comida de verdade", como a brasileira falou. Charlotte, que sempre insistira na melhoria daquele ambiente, ficou animada para ajudá-los nas compras. Ao mesmo tempo, uma pontinha de ciúmes lhe incomodou. Pois, viu as sugestões da garota serem acatadas com facilidade pelo amigo, que costumava enfurnar-se no velho casarão mau cuidado, herdado da família aristocrática.

A saída para a cidade fazia parte da estratégia de Dharma, para reconquistar o namorado. Porém, foi sabotada com a insistência da lady inglesa em acompanhá-los.

Passaram uma longa tarde passeando pela Strøget, uma longa rua que cruza o centro da cidade, com seu calçadão sempre apinhado de gente. Dharma divertia-se entrando e saindo das centenas de lojas, bares e etc... Estava agora, aproveitando para conhecer um pouco daquela maravilhosa cidade, conhecida pela qualidade de vida de seu povo sempre tão amistoso e risonho.

[1]Tudo está indo bem... Cidade legal... Um parque bonito num dia brilhante... Parece que vem uma tempestade...

Copenhague é uma linda cidade portuária, com canais decorados por edifícios antigos e bem cuidados. Famosa por seus calçadões para pedestres e ciclovias bem distribuídas. Uma cidade que reflete a harmonia de um povo que conseguiu eliminar a pobreza e a criminalidade. "Um bom lugar para se morar!" Elogiou Dharma, referindo-se à cidade natal de Van.

Eles caminharam pela Strøget até o Kongens Nytorv, a conhecida praça do rei. Como ainda era cedo resolveram esticar até Nyhavn, um pequeno bairro, onde resolveram almoçar num charmoso restaurante a beira do canal.

Como já estavam sobrecarregados de sacolas, com as tantas coisas que Dharma e principalmente Charlotte haviam comprado, ficaram ali esperando pelo motorista da lady. Ele voltou para buscar o carro e, dando uma grande volta, evitando os trechos exclusivos para pedestres, retornou com o automóvel para pegá-los. Continuaram o passeio pela cidade, Van queria mostrar para Dharma, alguns lugares que lhe eram especiais, como a estátua da pequena sereia próxima do porto.

Kácio, "O" e Claus haviam ficado na mansão fazendo uma pequena faxina. Van convidara a todos para passarem alguns dias em sua casa. Naquela semana aconteceria o evento com o discurso de Shoultz e a grande festa no parque. Guilhermo estava trabalhando na organização, coordenando a participação de seu candidato alemão. Logo depois seria a abertura da exposição. Van agora com a casa cheia de amigos, mostrava-se bem mais animado com a mostra.

Naquela manhã, bem cedo, trabalhara empacotando os últimos quadros, ajudado pela atenciosa Dharma. Ela aproveitara para admirar, antes que fossem levadas para galeria, as belas pinturas que ele vinha realizando últimos doze meses. Eram vinte e duas telas, a maioria de grandes dimensões, num estilo todo próprio e incomparável do artista. Algo que relembrava um pouco da arte moderna dos anos sessenta, com um toque contemporâneo e ousado nos temas variados que explorava. Estavam agora, todas as telas, perfeitamente alinhadas, embrulhadas, a espera do transporte para a galeria.

Na cidade, o casal, seguido de perto pela fiel "amiga", terminara suas compras e retornava agora no carro da lady. Hans, o prestativo motorista encarregara-se de voltar a buscar as cortinas mais tarde. Tinha sido um agradável dia para Dharma, apesar do contrapeso da "vela" britânica.

Ela comprara ingredientes para um almoço especial que desejava fazer para os amigos no outro dia, antes de saírem para a festa no parque. Seria uma galinhada, um prato com ave e arroz, típico de sua terra e que ela apreciava muito. O frango fora fácil de comprar, mas o arroz... Tiveram que rodar boa parte da cidade até encontrá-lo numa casa de comida indiana. Mas valeria o esforço. Queria, sobretudo, agradar ao anfitrião, tornando sua residência um lugar com um toque familiar, caseiro.

A noite transcorria animada. Guilhermo retornara trazendo Shoultz para jantarem na mansão. Trouxeram muitas garrafas de vinho, "para comemorar nossa vitória", lembrou o italiano. "O" se prontificou a preparar uma deliciosa macarronada. Claus foi auxiliá-la na cozinha, agora limpa e abastecida de mantimentos.

Os outros, permaneceram na sala, em frente à lareira, já com suas taças preenchidas com o saboroso tinto italiano que Guilhermo oferecia. Apenas Dharma não descera ainda para juntar-se aos amigos, estava tomando um demorado banho.

Charlotte aproveitou a ausência da brasileira, para ficar bem próxima de seu velho amigo. Notara que ele, quando perto da garota, não lhe tirava os olhos. Temia que o amigo caísse novamente nas garras sorrateiras da paixão.

Conversava com o dinamarquês, porém, já se irritava percebendo que ele se virava constantemente para a escada. "A procura da moça", deduziu.

— Meu caro Ive, estou preocupada com você. — Disse ela, chamando sua atenção.

— Preocupada... Mas por que?

— É que você, meu amigo, é ingênuo diante do destino que ronda o seu caminho. Já esqueceu do que nossa mentora lhe revelou em Stonehenge sobre essa moça latina? Não falou de forma pejorativa, porém deixava claro que não considerava Dharma uma "igual".

— Não Charlotte, não esqueci. Mas estou pensando diferente... Talvez nossa interpretação do que foi revelado, é que estivesse muito séria ou equivocada.

— Penso que não é só seu pensamento que está diferente. Você está mudado meu amigo! Já não é o homem sensato que conheci. Deixou de dar ouvidos para os conselhos das pessoas que realmente se importam com você. Não vê que o contato com estes garotos, por mais amáveis que sejam, só lhe tem trazido problemas. — Disse Charlotte com seu jeito inglês, tão educado e impessoal. Porém, com a objetividade natural dos anglo-saxões. — Primeiro foi o incidente em Fort Wilian, agora essa confusão envolvendo até a polícia! Sabe-se lá o que está por vir...

Van ficou um pouco perplexo com as considerações da amiga. Sabia que ela não nutria antipatia por seus companheiros. Aquela era sua opinião, ela estava apenas pensando no bem estar dele mesmo. Contudo, não fazia seus, os pensamentos da amiga.

Preferiu não lhe responder, mudando de assunto com um comentário trivial. Para seu alívio, os outros, que conversavam animadamente ainda sobre os acontecimentos da gráfica, não perceberam o teor do assunto que a lady inglesa queria tratar.

Ela, porém, não se dava por satisfeita. Continuou questionando o amigo sobre seu relacionamento com o grupo "perigoso", como se referiu. Van tentava não dar ouvidos.

Ficou surpreso ao avistar Dharma que descia a escada. Ela estava deslumbrante. Trajava um elegante vestido azul, e estava maquiada. Desceu os degraus sob o olhar admirado de todos, que viam na brasileira apenas mais uma maluquinha de estrada e não a mulher sensual e atraente que se mostrava naquele momento.

— Puxa prima! Onde é a festa? — Brincou Kácio admirado.

— Bobo... É que eu resolvi por uma roupinha mais feminina essa noite. Deixei os trapos na lavanderia e tive que comprar esse vestidinho.

— Um brinde a essa linda mulher! — Gritou Guilhermo com a taça na mão. — E ao homem sortudo de quem ela se interessar!

— Esteja ele onde estiver! — Brincou o Shoultz, que "pegara o bonde andando".

— Talvez ele esteja bem mais perto do que imagina... — Complementou a brasileira com sua taça em brinde, olhando para Van desavergonhadamente.

O homem ficou bastante constrangido. O rosto corou como um pimentão maduro. Todos entenderam a indireta, e brindaram olhando para o dinamarquês desconcertado. Charlotte fechou a cara.

Elisabeth e Claus trouxeram o jantar. Serviram os amigos espalhados pela sala mesmo, pois a mesa de jantar estava ocupada com o material de pintura do artista. Não foi problema, a macarronada estava deliciosa, "feita com muito carinho e gratidão", disseram os cozinheiros felizes finalmente, depois de semanas "comendo o pão que o diabo amassou".

Inicialmente, Dharma ficara conversando com amiga

"O". Haviam passado a noite anterior em claro, falando e matando a saudade. Contudo, sempre lembravam de alguns detalhes de suas recentes experiências para relatar. Dharma, sobre sua viagem pela Europa, e Elisabeth sobre o filme de horror que vivenciara junto aos LBs.

Guilhermo trouxera uns CDs de música italiana que achara numa lojinha no centro. Colocou umas canções folclóricas e alegres. O ambiente ficou mais animado, a conversa também. Ora sobre política, depois sobre viagens e por aí em diante... Sempre embalada na agradável música napolitana e ao tinto da Toscana.

Van não resistiu a uma sonata mais romântica e, deixando Charlotte falando sozinha, tirou a irresistível brasileira para dançar. As músicas sucederam-se e o casal continuou agarrado no meio da sala. Guilhermo, cuidadosamente orientado por "O", passou a colocar apenas as românticas. Aos poucos a sala foi se esvaziando. Primeiramente Charlotte, um tanto frustrada, se retirou com seu motorista para o seu hotel na cidade. Shoultz aproveitou a corona. Os outros saíram sorrateiramente, recolhendo-se a seus quartos.

O enamorado casal, ou não notara a saída dos amigos, ou não se importara. Estavam muito ligados naquele abraço rítmico. Quando acabou o CD, Dharma disse que tinha algo para mostrar para Van. Sentaram-se na poltrona próxima do fogo.

Era o desenho que ele fizera na escócia. Estava meio amassado, pois estivera todo o tempo guardado na abarrotada mochila da viajante. Ela lhe mostrou o desenho, que tinha umas anotações feitas à caneta.

— Você guardou? Perguntou Van, que esquecera do trabalho.

— Sim eu guardei e agora te devolvo. — Disse a brasileira. — Agora compreendo o significado: a paisagem é a sua vontade, retratada a pastel. Essa garota próxima ao rio sou eu, caminhando em sua direção. Esse risco que você tentou apagar, pensando tratar-se de um erro, na verdade é o seu destino, que lhe foge a compreensão e ao controle. Por isso é que te devolvo, para que você o apague de vez, ou o assuma finalmente...

Van permaneceu calado, ouvindo atenciosamente suas palavras. Sorvia prazerosamente a sabedoria que brotava mais do coração da jovem, do que de seu intelecto.

Encantara-se com sua aparência mais singela, delicada. Seu cabelo antes solto ao vento, adornado pelas tranças e mechas coloridas, agora tomara uma forma toda especial. Presos num arranjo elegante, com uma tiara de metal, deixavam o pescoço sensualmente descoberto. Os ombros, também semidesnudos, revelavam uma tez clara e límpida. Sobretudo sua boca, pequena, de lábios grossos agora tingidos pelo batom carmim, moviam-se graciosamente no pronunciar de seus verbos. Contudo, já não lhe se eram mais inteligíveis. Ouvia sim, mas como música, não palavras. Beijou-a.

Seguiram-se longos beijos carinhosos e ardentes. Abraços apertados e carícias intermináveis. Estavam agora no felpudo tapete, apoiados sobre almofadas, juntos a lareira. Ela, pensando consigo, que valera a pena toda aquela produção. Ele, reconhecendo no seu íntimo, que fora deliciosamente seduzido, embora nem precisasse. Pois sabia que não iria resistir, desde o primeiro momento que a reencontrou.

— Você está linda... Mas não era preciso toda essa mudança. Eu já lhe queria antes disso...

— Eu sei. Mas aceite isso como um prêmio. Amanhã o encanto se acaba e eu volto a ser a gata borralheira, isto é, mochileira! — Brincou Dharma.

— Tudo bem quanto à "mochileira", mas o encanto é um atributo meu, e sei que não vai mais acabar. — Falou o apaixonado artista.

Ele a despiu ali mesmo, admirando seu corpo sob a luz do fogo. Seus seios pequenos e firmes, de bicos rosados, enrijeceram-se quando tocados. Sua pele, mesmo aquecida pela chamas próximas, arrepiou-se no toque suave das mãos do artista. Deitaram-se nus, deixando seus corpos se conhecerem... Tocando-se, pegando-se, amando-se... Ela finalmente sentiu seu homem dentro de si. Não tinham pressa... Movimentos quase imperceptíveis de início, profundos e prazerosos, tornaram-se mais rítmicos e intensos gradualmente. Seus gemidos misturavam-se às palavras de carinho entre os beijos que não cessavam. Veio o gozo então... Suave, mas profundo. Tão emocional quanto libidinoso. Aquele foi o primeiro de uma longa noite de amor, que só acabou quando exaustos, foram vencidos pelo sono nos primeiros raios da manhã.

Guilhermo trabalhava intensamente nos preparativos finais para evento, no qual Shoultz discursaria. Estivera desde cedo acertando a programação no parque que fora especialmente decorado para aquela festa e para o natal que se aproximava.

O Tivoli é uma das maiores atrações de Copenhague. Fundado em 1843, hoje é o grande centro cultural da cidade. Seja de dia ou sob a luz de milhares de lâmpadas que enfeitam a noite, é sempre um lugar mágico para se passear.

Estava agora, quase tudo pronto. Uma grande Rave, com muita gente maluca e música eletrônica, fora anunciada para aquele fim de tarde. Seria precedida por um show do Cirque du Solèil, com seus incríveis artistas exóticos e talentosos. Uma grande queima de fogos era também esperada, o que já era uma tradição nas noites do parque próximo às festas de fim de ano.

Sebastian Shoultz estava num pequeno *trailer* atrás do palco, ensaiando seu discurso sobre integração global. O evento no parque estava sendo patrocinado por organizações não governamentais que simpatizavam com os ideais de união entre os povos. Tinha na unificação européia, seu maior exemplo, a qual vinha se firmando e abrangendo cada vez mais países.

No Groften, um restaurante de comida típica dentro do parque, um pequeno grupo tinha uma discreta reunião. Na mesa, Müler dava as últimas orientações para seus rapazes. Todos de chapéus e roupas comuns, para não chamar atenção como skinheads. Estavam ali tramando suas atividades para aquele evento, o qual, eram radicalmente contra.

— Então fica assim: Gustave liderara os dois grupos na multidão. É importante que contenha seus homens. Não adianta começar uma pancadaria logo de início.

— Sim senhor. Não vai ter problema. Os caras tão espalhados pelo parque, se misturando ao povão como o senhor mandou. O carro já está lá fora com os balões com tinta e as frutas podres. Quando começar o discurso nós entramos em ação. — Informou Gustave, um dos rapazes à mesa.

— Você meu caro Richard, tenha muito cuidado. Sua missão é delicada e muito importante. Não esqueça que estamos nessa enrascada por sua culpa. Por causa dos seus amigos tivemos que antecipar nossa remessa de material. A essa altura já deve estar sendo carregado no caminhão que fretei. Mas ainda corremos perigo, se as listas caírem nas mãos da imprensa. Por isso você não pode falhar. Depois de capturar os seus amiguinhos, leve-os direto para a gráfica. Lá nós resolveremos o que fazer com eles.

Richard ouvia tudo em silêncio. Seu olhar sisudo carregava uma raiva tremenda. Fora humilhado perante os LBs depois dos acontecimentos que liberaram a escocesa e seu ex-amigo Claus. Sua liderança fora posta em dúvida. Estava resolvido reparar o erro. Daria uma lição definitiva ao compatriota que considerava como traidor junto com a garota escocesa. Recuperaria as listas para destruí-las, deixando todo o esquema cuidadosamente montado pelos LBs, seguro e oculto.

— Eu não admitirei falhas rapazes! — Disse Müler enquanto se levantava para sair. — Todos sabem da importância dessa estrutura que temos aqui em Copenhague. Eu tenho um encontro importante agora, depois nos veremos na gráfica.

O velho saiu, deixando seus "Lobos", combinando os últimos detalhes sobre a sabotagem que fariam naquele evento. Richard, que tinha uma missão especial, saiu logo depois para encontrar com meia dúzia de seus rapazes mais fiéis e preparados. Não sabia muito bem como, mas, pegaria os backpackers à força, depois destruiria as listas.

O almoço na casa de Van fora especial. Dharma preparara a tal galinhada para os gringos. Fora auxiliada pelo primo e pela amiga "O". Todos haviam se deliciado com o "exótico prato", feito pelas mãos da brasileira.

Kácio, Claus e "O", saíram logo depois do almoço. Teriam que fazer uma pequena caminhada de dois quilômetros até a estrada, para pegar o ônibus da cidade. Charlotte não aparecera para o almoço. Possivelmente ainda chateada pelo reatamento da brasileira com seu amigo Van. Seu carro estava sendo a condução do grupo até então. Porém era uma caminhada agradável, colina abaixo pela estreita estrada de terra até a rodovia. Van e Dharma ficaram com a desculpa de lavar os pratos. Na verdade queriam ficar mais tempo a sós. Pensavam chamar um táxi e ir bem mais tarde para a festa do parque. "Quanto mais tarde melhor", pensaram os dois, que curtiam uma espécie de lua-de-mel, se curtindo como nunca.

Quando o trio desceu do ônibus, em frente ao parque, já estava acabando a apresentação do circo francês. Kácio, Claus e "O" se apressaram, pois não queriam perder a fala do alemão para quem seu amigo Guilhermo trabalhava. No caminho pelas passarelas do Tivoli, Kácio aproveitava para aquecer-se junto a umas curiosas cestinhas de metal, cheias de brasas, que eram espalhadas para melhorar clima, que tinha a temperatura extraordinariamente baixa naquele começo de tarde.

— Vamos Kácio! Se a gente perder o discurso do Shoultz, o Guilhermo não vai perdoar! — Dizia "O" apressando o brasileiro friento.

— Você não liga por que está acostumada... Mas eu estou congelando! — Respondia o carioca, assando as mãos sobre as brasas da cestinha.

Meteram-se entre multidão que se aglomerava em frente ao palco armado próximo ao lago congelado, onde alguns patinadores davam um show à parte. O evento não era novidade naquele parque sempre repleto de atividades para todos os gostos. Eram concertos de rock, clássicos, jazz... Apresentação de patinação sobre o gelo, montanha russa e tantas outras atrações que mantinham o Tivoli sempre em movimento, até numa fria tarde de inverno nórdico como aquela.

Shoultz entrou em seguida, depois de uma introdução elogiosa feita pelo mestre de cerimônias do evento. Foi amplamente aplaudido pelos presentes. Seu trabalho como defensor de direitos humanos na ONG de Berlin, o fizera um homem conhecido e apreciado pelas pessoas que simpatizavam com aqueles ideais de tolerância e harmônica que pregava.

Começou falando do ano que estava próximo de acabar. Das vitórias que algumas entidades voltadas para o trabalho humanitário estavam conquistando até então. Queria deixar uma mensagem otimista que combinasse com aquela festa bonita que se iniciava.

—...Sobretudo, a comunidade européia, caminha para tornar-se finalmente uma realidade! O Euro, a nova moeda, o dinheiro único para todos os países, já está ao nosso alcance... Além disso, precisamos cultivar um outro valor, que deve ser também único, que deve nos unir antes de tudo como pessoas, como seres humanos que somos... Um sentido de cidadania global! Sim meus amigos, global e não só europeu! Não devemos nos acomodar agora que provamos que podemos ir além das fronteiras e línguas...— O alemão falava apaixonadamente e conseguia daquela forma, levantar o ânimo e o sentido de idealismo na platéia. — E devemos começar, mudando nossa atitude para com nossos irmãos imigrantes, que tanto trabalham em nossos países, gerando riqueza, produzindo, e não são reconhecidos, não lhes é dado o valor e a importância que têm para nossas economias e cultura em geral. É chegada a hora de olharmos para os lados, para nossos semelhantes, estejam onde estiverem, sejam eles de quaisquer cores, raças e religiões... Temos que nos conscientizar da interdependência que é uma lei natural da sociedade humana. Valorizando o caráter humano nas instituições, considerando a riqueza de cada cultura e o enriquecimento da cultura humana na mistura dos povos, criando uma consciência... Ou melhor: nos imbuirmos de uma consciência planetária... — As palavras do orador foram absorvidas no aplauso acalorado.

De repente, começaram a arremessar sobre o alemão, frutas e verduras estragadas. Acertavam-lhe também alguns balões cheios de tinta, que explodiram no impacto, tingindo o atônito orador de amarelo, preto e um pouco de cinza.

Os *skinheads* haviam se espalhados cautelosamente pela multidão. Agora, enquanto atiravam aquelas coisas, gritavam palavras de ordem, ofendendo o constrangido discursante, que em vão, tentava se defender das agressões.

— Fora daí defensor de amarelos! Amigo de crioulos! — Gritavam os cabeças raspadas, organizadamente em coro. — Vai morar com eles, nas terras deles...

Uma grande confusão se armara em poucos segundos. Guilhermo subiu ao palco para ajudar Shoultz, acabou sendo atingido por maçãs podres e alguns balões com tinta. Começou uma correria na multidão, muita gente temia os mal afamados skinheads. Normalmente tudo com eles acabava em briga.

Eles tinham escolhido uma estratégia que se mostrou muito eficiente na sabotagem do evento, e ainda não corriam o risco de serem presos por agressão, o que normalmente teriam feito se Müler não estivesse por trás de tudo.

"O" que já conhecia o quanto aquele grupo podia ser violento, pediu aos seus amigos para que se afastassem da confusão. Saíram os três apressadamente por uma calçada que dava para o bosque de árvores desfolhadas. Pararam numa cestinha com brasas para aquecer as mãos enquanto aguardavam o fim da bagunça. Não haviam percebido, mas estavam sendo seguidos.

Enquanto isso a turba na frente do palco não parava com as ofensas e os jargões. Guilhermo já havia retirado Shoultz do palco. O mestre de cerimônias implorava por calma e silêncio.

Subitamente aparece Shoultz abaixo do palco. Ele fora pedir em pessoa, diretamente aos *skinheads* que contivessem sua manifestação, ou que a fizessem de maneira pacífica. Foi agredido prontamente pela turma de vândalos, a pontapés e socos. Guilhermo apavorou-se, saltou sobre o grupo, mas foi jogado ao chão sob as botas bélicas dos neonazistas.

O espancamento, como sempre, só terminaria com o aparecimento da polícia, que nesse dia ficara propositalmente distante e lenta, por intervenção da nefasta influência de Müler. Aconteceu então, o que ninguém, nem mesmo os *skinheads* esperavam. Um pequeno grupo de corajosos, depois seguidos pelas outras pessoas se interpôs aos agressores. Foram chegando mais e mais pessoas, se colocando na frente dos carecas raivosos. Estes, não hesitaram em bater em quem aparecia. Contudo, as pessoas continuavam chegando aponto de imprensarem o grupo de *Skins* no meio deles, de tal forma que não havia mais espaço para briga. Começaram então a empurrar a turma de arruaceiros para longe do palco. Eles não podiam fazer nada, pois agora eram minoria numa multidão não mais apática, e sim, decidida a enfrentá-los.

Não demorou e os *skinheads* já eram praticamente carregados pela multidão, suspensos no ar, até serem lançados no lago congelado. O gelo fino naquele trecho, não suportando o peso dos rapazes, partiu-se deixando a turma de vândalos encharcados na água congelante. Pela primeira vez, sentiram-se amedrontados e se dispersaram fugindo pelo parque.

Kácio que observava tudo de longe chamou seus amigos para retornarem. Porém quando começaram a caminhar, depararam com Richard na calçada. Ele os vinha seguindo de longe, esperando o melhor momento para abordá-los.

— O que você quer com a gente? — Perguntou Claus se colocando ele e seus amigos.

— Eu quero as listas e quero que vocês venham com a gente até a gráfica.

— Claus, vamos passar pelo outro lado... — Disse "O" puxando a mão do namorado para evitar o *skinhead* que lhes obstruía a passagem.

Ao se virarem para o outro lado, perceberam que estavam cercados. Tentaram correr sobre a grama congelada, mas foram pegos. Kácio e Claus tentaram lutar, contudo estavam em menor número. Acabaram levando umas bordoadas e desfaleceram.

Quando acordaram já estavam no furgão, com as mãos amarradas, seguindo rumo a gráfica. "O", chorava desesperadamente. Richard lhe deu uns tapas, queria informações sobre os outros.

— Onde estão os seus amigos? O que ele fizeram com as listas? Responda garota! — Ele continuava as agressões enquanto o veículo se aproximava da gráfica.

— Richard olhe... Tem um carro parado na frente da gráfica, e uns caras na porta! — Disse o rapaz que dirigia.

— Pare o carro, dê marcha ré... Deve ser a polícia! — Respondeu o líder dos LBs, desconfiado.

Porém, não foi possível. Pois encostara logo atrás deles um outro carro, uma Mercedes prata, da qual saltavam quatro homens armados e renderam o motorista.

Mandaram que descessem do carro e entrassem na gráfica. Lá encontraram alguns skinheads amarrados e amordaçados, sentados no chão e encostados na parede. Eles haviam sido surrados. Richard tentou resistir ao ser também amarrado, acabou levando uma coronhada na cabeça.

— Vocês não podem fazer isso! Quando Müler falar com seus superiores, vão todos perder o emprego! — Resmungava o skinhead, pensando tratar-se da polícia.

Os homens riram entre si, falando num idioma que parecia árabe. Eram ao todo oito. Quatro já estavam na gráfica. Haviam chegado cedo e dominado o pessoal que viera transportar os impressos. Um deles apontou para Richard dizendo para um outro que era ele que tinha pegado os papéis.

— Nós temos umas contas a ajustar com vocês. — Disse um dos homens armados, que parecia ser o chefe. — Mas antes queremos saber o que você fez com os papéis?

— Do que você tá falando? Que contas, que papéis? — Respondeu o alemão impaciente, que não tinha costume de ser maltratado, ele é que normalmente agredia, não ao contrário.

— Os que você pegou na calçada quando explodiu a lanchonete em Berlim! — Disse o chefe, desferindo-lhe um bofetão.

— Seus macacos árabes... então é isso! Não tem papel nem um... joguei pela janela na mesma hora! Vocês vão me pagar... Quando meu pessoal for mobilizado no Covil nós vamos atrás de vocês... — Richard estava fora de si.

Os homens riram novamente, conversando em árabe. Não pareciam nem um pouco intimidados com as ameaças do *skinhead* raivoso, amarrado e sentado ali no chão encostado ao balcão. Na verdade pareciam bem profissionais e organizados.

Claus que vinha traduzindo para "O" e Kácio, o que se fala em alemão, reconheceu alguns homens. Realmente era o mesmo grupo que saíra às pressas do andar superior no dia do atentado à lanchonete. Agora tudo fazia sentido: possivelmente deveriam pertencer a alguma organização secreta ou ilegal. Daí terem-se dado ao trabalho de virem tão longe para recuperarem os documentos que achavam estar com Richard. Ou talvez estivessem ali por vingança também. Era bem provável que fossem até mesmo terroristas.

Dois dos homens que estavam no galpão, retornaram dizendo que estava tudo pronto, que deviam sair dali agora. Os outros, forçaram os *skinheads* e os mochileiros para fora do prédio. Ouviu-se uma explosão abafada, não muito estridente, porém, grandes labaredas de fogo, tomaram o prédio em minutos. "Era um serviço profissional", pensou Claus, confirmando suas desconfianças.

— Ponham esse verme no carro. — Disse o chefe dos terroristas referindo-se a Richard. — Temos assuntos a tratar, ele vai ter que dar conta dos papéis.

— O que fazemos com o resto? — Perguntou um dos homens.

— Esses três que chegaram amarrados, — Falou com respeito a Kácio, Claus e "O". — pode soltar e deixar que vão. O resto tranque no caminhão. Quando os bombeiros chegarem eles soltam. Acho que aprenderam que não devem mexer com quem não conhecem.

— Vamos poupar vocês, seus desocupados... Mas gravem esse nome: Al Quaeda. Ainda vão ouvir falar de nós... Não se metam no nosso caminho!

Dito isso, entraram em suas Mercedes prateadas e saíram em disparada pela rua, levando Richard, que não seria mais visto com vida desde então.

Logo depois chegou a polícia junto com os bombeiros. Era tarde para controlar as chamas. A gráfica, junto com os impressos neonazistas foram completamente consumidos pelo fogo.

Havia um carro parado na esquina assistindo ao incêndio de longe. Era Müler com dois capangas. Tinham chegado junto com as autoridades. Mas o velho nazista preferiu não se envolver, vendo que o prejuízo era irremediável. Ficou furioso, pensando que os mochileiros é que tinham destruído todo o seu trabalho. Ligou para o Covil em Berlim, pensando em trazer seus rapazes para vingar-se. Ninguém atendia. Ligou para um colaborador da vizinhança, para que ele fosse até lá. Teve então a notícia:

— Acabou tudo senhor! Foi tudo pelos ares há meia hora atrás! — Disse homem assustado.

— Como assim? Você deve estar louco? Vá até lá e ponha-me para falar com um de meus rapazes!

— O Senhor não entendeu. Uma parte morreu na explosão, os outros debandaram. Não sobrou ninguém! Têm polícia por toda parte, investigando... Fazendo perguntas... Por favor Mr. Müler, não me procure mais, não me ligue. Eu estou fora dessa confusão! — O homem bateu o telefone.

Müler ficou sem ação. Não compreendia o que acontecera. Nem imaginava que sua organização fora desmantelada por uma outra bem mais perigosa e competente, e que por acaso, fora importunada no atentado da lanchonete. Na sua cabeça cheia de ódio, só lhe vinha a imagem do Dinamarquês que negociara a liberação da garota escocesa.

— Toca o carro rapaz. Vamos para fora da cidade! — Disse o velho transtornado para o *skin* que guiava seu carro. — Vamos fazer uma visita àquela casa de campo.

Dharma e Van tinham subido para o quarto. Haviam desistido de ir à festa. Afinal, o resto do mundo não lhes parecia tão importante naqueles dias. Aproveitavam cada minuto juntos, como se fosse o último que tinham para se amar. Não cansavam de se beijar, acariciar. Passavam horas apenas se olhando, sem pronunciar palavras, pois se compreendiam como ninguém.

Haviam feito planos para o resto de suas vidas. Van iria mostrar a Dharma cada lugar que conhecera na Ásia, Austrália até alguns países da África. Iriam pintar juntos no inverno, naquela casa, a qual ele tencionava reformar para viverem mais confortavelmente. Pensava até contratar alguns empregados para sua manutenção.

Dharma vinha-lhe contando coisas sobre o Brasil. Embora Van já tivesse estado no país, não conhecera a fundo as maravilhas de nossa terra. A brasileira orgulhosa queria mostrar-lhe seus recantos preferidos. Sobretudo sua cidade: Brasília. Queria levá-lo para sua capital e as redondezas tão interessantes como a Chapada dos Veadeiros, Pirenópolis, Cristalina... Mas principalmente, ocorrera-lhe a idéia de apresentar o namorado ao pai.

Sentia-se estranhamente mudada. Naqueles dias tão felizes de realização amorosa, seu coração havia renovado, libertando-se dos sentimentos pesados de rancor e ressentimento. Começara sentir um desejo sincero de rever seu progenitor. Nesses momentos raros de pura felicidade, nos sentimos leves. Nosso espírito se eleva a uma compreensão mais ampla e tolerante sobre a vida. Dharma sentia-se assim. Não lhe passara pela cabeça perdoar o pai. Nem precisava. Compreendia agora seus sentimentos, depositara nele a culpa pela perda do irmão. Mas via agora que na verdade, era um sentimento egoísta, de vingança, de frustração, que lhe separara do pai, e sabia que ele sofrera tanto quanto ela. Entendeu que era tempo de reconciliação, de reencontrar sua família, já que pensava começar uma vida nova com Van.

Passaram toda a tarde no amplo quarto que o Dinamarquês escolhera para o casal. Normalmente usava o menor ao lado, onde ficava o mínimo tempo, só para dormir umas poucas horas por noite. Esse maior, fora o de seus avós. Contou a Dharma que os pais jamais habitaram aquela residência. Sua mãe se apaixonara por um cigano russo, do qual ele herdara tão somente o nome: Ivan. Não sendo a relação aceita, fugiram os dois para vagar pelo mundo à moda cigana. Daí vinha esse seu gosto pela estrada. Nos primeiros anos de sua vida, não conhecera casa, apenas tendas e trailers. Quando o pai morreu precocemente, a mãe trouxe o filho para ser criado pelos avós. Essa era sua história, um artista criado por aristocratas, mas de sangue e alma cigana.

As lentas e agradáveis horas pareciam-lhes vidas inteiras dentro do confortável quarto de assoalho de madeira. Havia longas cortinas brancas que adornavam uma charmosa janela com a neve acumulada do lado de fora. Um mundo lá fora lhes parecia tão distante quanto um continente longínquo. Na verdade, viviam aquele momento especial, que poucas pessoas conhecem: o momento sem tempo! Aquela sensação de eternidade onde o tempo para e perde a importância, e é como se tudo que lhe acontecera na vida até ali, fora apenas a preparação, o caminho que lhe conduzira a um destino maravilhoso, a realização plena de finalmente se unir a sua alma gêmea. Fizeram amor várias vezes. Como dois adolescentes que descobriam os prazeres do corpo, não se cansavam em se tocar e olhar. Perto da boca da noite, Dharma resolveu descer para preparar um lanche para seu amor que dormia. Tinha ouvido ruídos há alguns instantes, pensou que os amigos haviam regressado. Estranhou, pois imaginava que a festa iria até a madrugada.

Ela desceu as escadas, mas não viu ninguém. Estava escurecendo, caminhava com cuidado na penumbra, pois não queria acordar Van esbarrando nos móveis. Ao entrar na cozinha acendeu a luz, assustou-se.

— Quem é você? O que está fazendo aqui? — Perguntou ao rapaz que encontrou junto à porta dos fundos.

— Pegue a garota! — Disse uma outra voz que vinha do corredor ao lado.

Ao se virar Dharma reconheceu o velho da gráfica, o tal Müler. Arrepiou-se toda. Tentou voltar e se surpreendeu com um terceiro homem que veio de traz lhe agarrando. Não teve tempo de falar nada, ele a pegou pelas costas, tapando sua boca com a mão. Ela se debateu desesperadamente, mas não adiantava, o outro rapaz segurava seus braços com força e brutalidade.

— Não grite, senão nós te matamos! — Disse o Velho sussurrando ao seu ouvido. — Onde está o Dinamarquês? O que vocês fizeram com as nossas listas?

— Não tem ninguém mais aqui. As listas estão lá em cima... Eu mostro se você deixar-nos em paz... — Respondeu Dharma assustada, vendo que não tinha saída.

Conduziu os homens pelas escadas em silêncio. Tinha esperança de que eles fossem embora com os papéis. Temia o que eles pudessem fazer se encontrassem seu namorado. Entrou no pequeno escritório onde viu Van guardar os documentos e os pegou na gaveta da escrivaninha.

— Tome. Por favor, vão embora, eu não fiz nada contra vocês... — Implorou a brasileira.

— Nós não somos tolos garota. — Disse Müler com ódio no olhar. — Não sei como, mas vocês arruinaram o meu trabalho... Vão pagar caro por isso... Começando com você.

Com um olhar para os rapazes, o velho deu a ordens de execução. Um deles pegou-a pelo pescoço e passou a estrangulá-la. Ela lutava para se soltar desesperadamente. O outro veio em sua direção, ela lhe rechaçou com os pés. Ele caiu sobre a mesa, derrubando os materiais de escritório. Dharma conseguiu se esquivar um pouco, saindo pelo corredor. Mas os rapazes lhe alcançaram.

De repente surge Van, saindo do quarto, assustado com o barulho da briga. Ao ver Dharma sendo agredida, pula sobre os agressores automaticamente, com a fúria imbatível de quem vê a amada em perigo. Luta com os fortes *skinheads* destemidamente e, embora em desvantagem contra dois jovens violentos, consegue vencer usando forças que desconhecia ter, mas que lhe apareceram naquele momento crítico.

Nesse meio tempo, Müler se apodera de Dharma. Sacando uma pistola a faz de refém, colocando-a entre ele e o desesperado dinamarquês.

— Largue a garota! — Diz Van em alemão para o velho com sua namorada.

— Você vai ter o que merece... Não devia ter se metido comigo... — Respondia o alemão enquanto caminhava para trás em direção à escada.

— O problema é entre nós dois... Solte a garota... — Van continuava andando na direção do velho nazista. Pensava que agora, com as listas nas mãos, Müler iria embora satisfeito para continuar com suas atividades. Não imaginava que o propósito principal de sua vinda era a vingança.

O estampido do tiro ecoou nas salas vazias da casa. Van não sentiu dor. Apenas o impacto seguido da sensação de fraqueza e a vista escurecendo. Caminhou cambaleante em direção a Dharma. Caiu antes, rolando pela escada até o tapete na sala.

A brasileira caiu sobre os joelhos, não acreditando no que seus olhos viam. Mas o cheiro de pólvora e sangue queimado, provocado pelo tiro à queima roupa, a trazia para aquela realidade fatal.

— Queimem tudo! — Comandou o velho com um sorriso triunfante.

Os *skinheads* haviam trazido galões de gasolina. Espalharam o combustível pela casa e acenderam. Em segundos tudo era só chamas, tristeza e desilusão. O fogo apoderou-se dos móveis, cortinas e principalmente dos materiais de pintura, altamente inflamáveis.

As labaredas encontraram alimento, nas coloridas telas, pintadas a oléo pelo artista tombado imóvel sobre o vermelho de seu próprio sangue. Dharma tentava em vão acordá-lo, retirá-lo do incêndio. O calor tornara-se infernal na sala e no coração da brasileira. Levantou-se e voou sobre o assassino num instinto cego de vingança. Conseguiu apenas uma pancada no rosto desferida por um dos rapazes. Caiu desfalecendo ao lado do namorado. Sua última visão foi o desenho a pastel que Van lhe presenteara, que ficara sobre uma mesinha de centro na sala e, agora queimava lentamente, cumprindo o destino sombrio que fora predito há tempos atrás por uma bruxinha em Stonehenge. "Charlotte estava certa: não deveríamos ter ficado juntos" pensou Dharma antes de perder os sentidos por completo.

Era madrugada quando o táxi com Kácio, Claus e "O" parou na frente de mansão destruída. Reconheceram Guilhermo conversando com um dos bombeiros. Correram em sua direção por entre as ruínas do que fora a bela casa do artista.

— Guilhermo o que aconteceu aqui? — Perguntou Kácio ofegante.

— Uma desgraça... Uma desgraça... — Repetia o Italiano de olhos vermelhos e semblante desolado. — Não sobrou nada. O corpo foi carbonizado... Uma desgraça...

— Onde esta a minha prima? Onde está Dharma? Inquiriu o apreensivo brasileiro.

— Na ambulância. — Apontou Guilhermo para o furgão parado adiante.

Dharma estava em choque, mas sem ferimentos graves. O para-médico aplicava-lhe uma compressa sobre o hematoma na testa. Sentada sobre a maca, de cabeça baixa, com o olhar perdido e inexpressivo, limitava-se a soluçar depois de horas de choro torrencial. Ao avistar os amigos, reabriu as comportas da emoção e, abraçando o primo repetiu: "ele morreu, ele morreu...".

Apenas no outro dia conseguiu contar a história na delegacia. Todos ficaram perplexos. Foi expedido um mandato de busca para velho alemão e seus comparsas, porém ninguém foi encontrado.

O enterro aconteceu dois dias depois, num pequeno cemitério, para poucas pessoas. Na lápide que Guilhermo mandou fazer, apenas a inscrição: Ivan Amundsen, um aventureiro em sua última viagem.

O homem que conhecia "meio mundo" de pessoas, fora enterrado apenas por sete: Dharma, Kácio, Guilhermo, "O", Claus, o *marchand* e o coveiro. Uns gratos pelo seu heroísmo, sua vontade de ajudar. Outros pela sua sabedoria, companheirismo. Outros saudosos pelo seu talento... E uma apenas, que teve o privilégio de conhecê-lo a fundo e sentir o seu amor, chorava pelo seu homem. A amiga Charlotte não fora encontrada, deixara a cidade na noite do incêndio.

Voltaram à propriedade do falecido. Dharma queria olhar uma última vez àquela paisagem tão aprazível e bucólica dos arredores da cidade. Queria guardar na memória a lembrança do lugar onde tinha tido a maior felicidade de sua vida, mesmo que por poucos dias. Ficou parada, sentada num banco do jardim, sozinha por alguns minutos. Os outros andavam pelas ruínas, conversando baixinho para não a incomodar naquele momento de despedida.

Kácio acabou encontrando os restos queimados de sua mochila. "Puxa, ela era tão novinha... Foi um presente da Maria..." Lamentou-se o brasileiro. Ficou feliz ao ver que por milagre, o guia Formmer's havia resistido ao incêndio, claro que bem queimado. Pensou em dá-lo a Dharma, talvez ela apreciasse a lembrança.

Guilhermo mostrou o lugar onde o corpo do amigo fora encontrado, a sala próxima a porta. Fora feita uma rápida autópsia, apenas para confirmar a história contada por Dharma. A bala de pistola 350mm fora retirada do corpo irreconhecível do pintor. Continuaram andando até que Dharma chamou-os para irem embora.

Claus, que ficara um pouco para trás, viu um brilho que chamou sua atenção sob as cinzas. No lugar onde fora encontrado o corpo, havia uma jóia semiderretida, mas que pensou conhecer de algum lugar. Assemelhava-se a uma pequena suástica de ouro com diamantes que vira na lapela de Müler, certa vez em Berlim. Pôs no bolso e ficou meio desconfiado com aquilo, numa hora oportuna, iria esclarecer algumas dúvidas que lhe ocorreram.

Deixaram Copenhague de trem, graças a ajuda financeira que o *marchand* de Van lhes prestou. Haviam perdido tudo: suas mochilas com roupas, dinheiro... Dharma tivera até o passaporte queimado no incêndio. Teve que procurar o consulado para conceguir deixar o país.

Em Berlim, os cinco companheiros se despediram. "O" e Claus ficariam ali por algum tempo. A escocesa queria saber o que acontecera com o rapaz que ficara ferido no atentado a lanchonete. Sentia-se culpada. Decidira tentar ajudar de alguma forma. Talvez prestando trabalho voluntário... Não sabia ainda. Mas sua consciência guiaria-lhe para pagar a dívida que tinha para com a sociedade.

Claus a convencera de que entregar-se à polícia, não adiantaria em nada. Principalmente por que ela mesma agira contra a vontade. Ficar presa não melhoraria a condição dos imigrantes na capital alemã. Ela concordou. Por indicação de Guilhermo, acabariam entrando para trabalhar na mesma ONG a qual Sebastian Shoultz pertencia.

O amigo italiano seguiria viagem até Veneza. Antes de voltar ao trabalho na campanha de seu candidato, precisava recompor a energias junto a sua mâma. Sempre depois do sofrimento ou desilusões que a vida periodicamente nos apresenta, lembramos de nossa casa, e quem tem família: pai, mãe ou qualquer ente que lhe seja querido, pensa logo no aconchego do lar para curar as feridas de guerra que é a nossa existência.

Dharma acenou da janela do trem, para os amigos na estação. Ela e Kácio continuavam a viagem até Calais na França, onde pegariam o Ferry para Londres. Quando se despediu de Guilhermo, sentiu uma pontinha de inveja por saber que ele tinha o colo de sua mâma para chorar a perda do amigo. Ela não. Ocorreu-lhe o quanto era estúpida invejando a mãe do amigo, enquanto ela mesma tinha um pai que lhe implorava o retorno há tanto tempo.

— Kácio, quero ir pra casa... Quero meu pai... — Falou chorando para o primo sentado a seu lado.

— Não se preocupe, você vai estar em Brasília em poucos dias. — Respondeu carinhoso, apoiando o pranto da prima sobre o seu ombro.

Despediram-se no aeroporto de Heathrow com um longo abraço. Como Dharma não tinha dinheiro e rasgara a passagem enviada pelo pai, Kácio resolveu dar-lhe a sua, pois queria que ela estivesse em casa o mais breve possível.

— Mas e quanto ao emprego? — Indagou Dharma. — Você pode perdê-lo se não voltar agora! Se é que já não perdeu...

— A essa altura na minha vida, depois de tudo o que vi e conheci... O emprego é uma preocupação menor. — Respondeu Kácio, com um jeito todo especial de quem chegara finalmente a uma compreensão, uma perspectiva diferente de seu destino. — Não minha maluquinha, não se preocupe comigo. Na verdade há vários dias já vinha me questionando sobre essas oportunidades que surgiam na minha frente. Tudo começou com a perda do emprego na minha antiga agência. Depois veio o tio me pedir para trazer de volta uma prima que eu não via há anos. Nosso reencontro, nossas viagens... Ainda tem a Maria que não me sai da cabeça... Tantas coisas que mesmo que eu quisesse permanecer a mesma pessoa que era antes, no meu pequeno mundo, certinho, não conseguiria. Estou vendo as coisas de maneira diferente de antes. Parei de me apegar ao imediato, a superfície... Quero ir mais fundo... Mais longe... — Dharma agora via no rosto do primo, enquanto ele falava, os sinais de quem se contagiara pela febre da estrada.

— Quando você volta? Preciso dizer ao coronel para que ele envie sua passagem...

— Não se preocupe. — Respondeu ele com um sorriso meio maroto. — Transmite para o tio apenas o seguinte recado de minha parte: Missão cumprida. Ele vai entender.

Com um terno beijo no rosto da prima, afastou-se quando ouviu chamar o número do vôo. Ela passou pelo portão de embarque e ficou observando aquele rapaz bonito com a pequena mochilinha, que continha nada mais que uma muda de roupa e cuecas que comprara no *Free Shopping* do aeroporto. Agora tatuado, com seu piercing espetado, distinguia-se da multidão... "O primo tá mudado". Pensou ela com um sorriso nos lábios, de quem achava ter contribuído para tanto.

— Pra onde você vai? — Gritou Dharma para o primo, da fila de embarque enquanto caminhava.

— Ora, você sabe... Eu te mando um cartão postal de Lisboa... — Disse o Backpacker apaixonado por uma portuguesa.

CAPÍTULO 12

Finalmente em casa... Mas o coração viajando...

O velho coronel a recebera de braços abertos. Doente, cansado com seu coração enfraquecido pela enfermidade e pela saudade. Mas com todo amor contido no peito, guardado por tanto tempo para sua única filha. O amor de pai. Um pai agora atencioso e carinhoso. Decidido a recompensar sua criança que educara com tanta rigidez e proibições, e que conhecia tão pouco. Os poucos meses que lhe restavam de vida, pois fora desenganado pelos médicos, tinha a intenção de doá-los incondicionalmente a filha. Ela preferiu não acreditar na gravidade da situação, nem pedir detalhes da doença. Era a primeira vez que realmente queria se entender com o pai. Talvez sua última chance.

Saiam todas as tardes para passear a margem do Lago Paranoá. Embora fosse próximo da casa num bonito condômino, íam de carro, pois Diogo não podia forçar demais o velho coração. Gostavam de ver o pôr do sol da Ermida D. Bosco, um encantador mirante virado para o poente da capital brasiliense, com o majestoso lago a sua frente.

Ele se preocupava com a filha, que voltara tão depressiva, sem ânimo para a vida. Compreendia sua tristeza. Compartilhara sua história com atenção, tentando consolá-la por sua irreparável perda e, ao mesmo tempo, prepará-la para o inevitável.

Tinha mandado para Europa, uma adolescente rebelde, mais cheia de amor pela vida. Recebera de volta uma linda mulher madura, mas inconformada com o destino. Queria que ela reencontrasse os amigos de infância ou fizesse novos. Além de achar importante o contato com as pessoas de sua idade. Ele sabia que não estaria com ela por muito tempo.

Antes de completar o terceiro mês do retorno de Dharma, seu pai ficou de cama para não mais se levantar. Em seu leito de morte desculpou-se por tudo o que não lhe tinha dado. Pelos abraços e beijos tão raros e formais... Pela falta de compreensão e paciência que jamais tivera com a filha antes.

— Não se desculpe coronel... O que passou, passou. Eu também errei, imputando a você uma culpa que não era sua. Nós dois amávamos o Jonas. Nós dois o perdemos e sofremos... O que importa é o que temos vivido ultimamente. É a intensidade do amor que nos reuniu por esses poucos meses, que nós levaremos sempre para onde formos. Assim a vida me ensinou da forma mais dura e que jamais esquecerei.

— Sim filha, você está certa... Pela primeira vez na minha vida, eu te enxergo como você realmente é: uma pessoa sábia e sensível, que muito teria me ensinado se eu lhe tivesse dado atenção. Por sorte você trilhou o seu caminho em terras distantes e conseguiu desabrochar como essa mulher linda e madura que eu vejo agora. Adeus...

Passou-se uma semana do falecimento do pai. Dharma ficou arrasada com o segundo enterro no curto período de três meses. Resolveu todos os problemas burocráticos da herança e da pensão que o militar lhe deixou. Alugaria a casa por uma boa quantia. Tinha uma soma de dinheiro considerável que lhe daria tranqüilidade para fazer o que quisesse e ir a qualquer lugar. "Mas aonde? Com quem?" Lastimava-se em silêncio na mansão vazia. "Talvez voltar à Inglaterra e continuar os estudos na faculdade de artes..." Ocorreu-lhe. Passaria antes em Lisboa para visitar o primo. Kácio estava trabalhando numa agência de publicidade na capital portuguesa. Dividia um pequeno apartamento com Maria, que estava terminando o curso de medicina. "Formam um lindo casal!" Pensou ela, sozinha, sentada à mesa com uma garrafa de vinho do porto já pela metade. Era a bebida preferida do pai. Ela a encontrara o vinho junto a papelada que o organizado coronel fizera questão de preparar antes de sua partida, com testamento, escrituras de imóveis e etc... Possivelmente tencionava sorver o português pela última vêz. Mas a garrafa permaneceu fechada, pelo menos até aquele momento... Ela bebia por ele.

Tinha nas mãos o cartão postal que o primo lhe mandara logo que se arranjou com a namorada em Lisboa.

Na mesa junto à garrafa, um porta-retrato com a foto do coronel Diogo Motta lhe trazia antigas recordações. Porém, pareciam tão distantes como se fossem de outra vida... De outra pessoa: uma tal Cláudia Motta, burguesinha rebelde e atirada, que sonhava conhecer o mundo... "Realmente, outra pessoa... E bem mais feliz..." Resmungou ela entre um gole e outro da bebida.

Tocaram a campainha. Era o caminhão que vinha buscar os móveis. Ela vendera tudo, menos o porta-retrato com a foto do pai. Pegou a recordação, enrolou numa camiseta e pôs no fundo da mochila nova que comprara. Deixou as chaves da casa com o corretor da imobiliária que iria administrar o aluguel.

Saiu com a mochila às costas e a garrafa numa das mãos. Caminhou até o lago naquela tarde nublada, querendo apenas ficar só consigo mesma, despedindo-se de sua cidade natal. Na verdade sabia que a cidade era o que menos lhe importava naquele momento. Tinha uma sensação estranha, como se algo estivesse para acontecer. "Claro, tudo está sempre para acontecer..." Pensou alto enquanto caminhava.

Parou por algum tempo na margem de cascalho vermelho, deixando as marolas molharem-lhe as botas e as pernas do jeans. "Vão se acostumando com o mau tempo..." Brincou Dharma, falando com as botas e calças que lhe acompanhariam em sua próxima viagem. Estava com o guia Frommer's chamuscado que fora achado nos escombros do incêndio. Folheou suas páginas enegrecidas, que se desfaziam em cinzas nas suas mãos. Numa pequena anotação que fizera no rodapé, nas páginas sobre a Escócia, conseguiu ler a frase quase apagada: "hoje encontrei em Fort Wilian o homem de minha vida, seu nome é Van...".

Atirou o livro na água, depois subiu até o mirante da ermida. Do alto podia-se ver a cidade ao longe. As águas estavam cinzentas, refletindo as nuvens carregadas que se aglomeravam anunciando a tempestade. Um vento úmido e frio soprava do norte, sacudindo a tortuosa vegetação do cerrado candango. Ela largou a mochila no chão e sentou-se sobre o parapeito. Ficou ali admirando aquela paisagem tempestuosa, mas com uma beleza peculiar da força que a natureza demonstra em seus movimentos corriqueiros.

Um sol magnífico, prateado pelas moléculas de água em suspensão na atmosfera, apareceu no horizonte descendo de trás das nuvens antes de morrer para dar lugar à noite.

O quadro lembrou-lhe um outro lugar: o lago Ness na Escócia. Recordou-se do vento gélido das Highlands e das visões que lá tivera. De repente estava sonhando de novo. Lembrava daqueles homens com suas espadas... "É, eu devia estar tão bêbada como estou agora..." Falou para si mesma, enquanto entornava mais um gole.

— Uma Kailash, modelo Everest, 80 litros... — Disse uma voz. — Ombreiras e barrigueiras acolchoadas em espuma 3D ar-permeáveis... Aposto que tem uma camada de poliuretano interna!

— O que? — Dharma virou-se para ver quem estava ali. A voz era familiar.

Um senhor simpático, de cabelos grisalhos. Vestia um traje básico: jeans e camiseta branca com as mangas curtas que lhe deixavam a pele alva de norte-europeu à mostra. Os olhos de uma azul profundo, inconfundíveis: era Van. Ela protegeu a vista do reflexo do sol poente que lhe atrapalhava. Deixou a garrafa cair, e, quase caia também se o estrangeiro não a pegasse firmemente em seus braços.

— Eu não posso acreditar... Não é de verdade... — Dizia Dharma meio que sorrindo, meio que chorando.

— Nem eu... Mas estou aqui e você também meu amor!

A chuva começara a cair. Os trovões atrapalhavam-lhes a conversa. Van tentava explicar-lhe tudo o que acontecera: como Charlotte chegara com Franz, seu motorista, na hora do incêndio. E este, conseguira por os *skinheads* para correr, e lutara para tirar a arma de Müler...

Contou que o velho é que morrera no disparo acidental da própria arma ao lutar contra o guarda-costas da Lady. Eles então, haviam salvo suas vidas, tirando-os da mansão em chamas. Depois pegaram Van, quase morto com um tiro no abdômem e o levaram primeiramente a um hospital no centro, e posteriormente, aproveitando-se do dinheiro e influência da *lady*, saíram os três do país num jato particular.

Van tentava explicar que fora Claus, que achara a jóia do nazista, uma pequena suástica semi-derretida no lugar em que o corpo fora deixado no incêndio. Ele então desconfiou da armação, e começou a procurar por respostas. O corpo de Müler havia sido enterrado em Copenhague no lugar de Van.

Enquanto isso ele lutava pela vida em uma clínica no interior da Inglaterra. Charlotte os salvara. Mas, doentiamente, queria ter o amigo só para si. Acreditava piamente que forjando a morte de Van, e, dizendo para ele o mesmo: que a namorada também perecera, conseguiria-os manter separados.

Contou que ficara sabendo da verdade há poucos dias atrás por intermédio justamente de Claus. Conseguira o endereço de Brasília com Kácio em Lisboa para vir e encontrá-la finalmente. Falou sobre todo o sofrimento que passara pensando a ter perdido no incêndio. Falou também do quanto fora difícil curar-se do tiro e das queimaduras que sofrera antes de ser resgatado pelo hábil e discreto motorista.

— Tenho tanta coisa para lhe contar meu amor... — Falava o dinamarquês, quase gritando sob a chuva forte que caía.

— Deixa para depois... Vai ter que repetir tudo... Eu devo estar bêbada ou sonhando... — Interrompeu Dharma não se contendo de alegria. — Quero apenas ficar aqui abraçada e não deixar o tempo passar...

O casal permaneceu abraçado ali, enquanto a tempestade lavava o mundo e suas almas nas lágrimas do reencontro. Trovões e raios não poderiam separá-los. Estariam sempre juntos, onde quer que seus corações ciganos os levassem.

— Senhor, vocês não querem entrar no carro? A chuva está piorando! — Gritou o motorista que aguardava impaciente no táxi.

— Não tem problema rapaz, nós vamos caminhar. — Disse Van dispensando o motorista.

Sairam sob a chuva, com suas mochilas nas costas, assim meio sem rumo, só pelo prazer de estarem novamente caminhando juntos. O taxista ficou olhando pela janela do carro e rindo consigo mesmo: " esses mochileiros..."

THE END

LA FIN

HET EINDE

EL FIN

DAS ENDE

LA FINE

FIM

Impressão e Acabamento:

Quick Printer
IMPRESSOS RÁPIDOS

SIA Trecho 3 Lote 1.760
Tel: (61) 362-0008 / Fax: (61) 233-3771/362-7476
e-mail: quick@quickprinter.com.br